Libro interactivo del estudiante

miVisión
LECTURA
1

Glenview, Illinois   Boston, Massachusetts
Chandler, Arizona   Nueva York, Nueva York

Pearson Education, Inc. 330 Hudson Street, New York, NY 10013

© 2020 Pearson Education, Inc. or its affiliates. All Rights Reserved. Printed in the United States of America.

This publication is protected by copyright, and permission should be obtained from the publisher prior to any prohibited reproduction, storage in a retrieval system, or transmission in any form or by any means, electronic, mechanical, photocopying, recording, or otherwise. For information regarding permissions, request forms and the appropriate contacts within the Pearson Education Global Rights & Permissions Department, please visit www.pearsoned.com/permissions/.

Photography

Cover: 854140/Shutterstock; 123RF; Jps/Shutterstock; Elena Shchipkova/123RF; Chones/Shutterstock; Eric Isselee/Shutterstock; RTimages/Shutterstock; 123RF; Kamenetskiy Konstantin/Shutterstock; Coprid/Shutterstock; Dencg/Shutterstock; Eric Isselee/Shutterstock; Vitalii Tiahunov/123RF; StevenRussellSmithPhotos/Shutterstock; Alena Brozova/Shutterstock; Avelkrieg/123RF; Magnia/Shutterstock

Attributions of third-party content appear on pages page 242, which constitutes an extension of this copyright page.

PEARSON and ALWAYS LEARNING are exclusive trademarks owned by Pearson Education, Inc. or its affiliates in the U.S. and/or other countries.

Unless otherwise indicated herein, any third-party trademarks that may appear in this work are the property of their respective owners and any references to third-party trademarks, logos, or other trade dress are for demonstrative or descriptive purposes only. Such references are not intended to imply any sponsorship, endorsement, authorization, or promotion of Pearson's products by the owners of such marks, or any relationship between the owner and Pearson Education, Inc. or its affiliates, authors, licensees, or distributors.

ISBN-13: 978-0-134-90818-2
ISBN-10: 0-134-90818-X

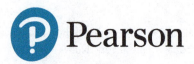

AUTORES DEL PROGRAMA

María G. Arreguín-Anderson, Ed.D.

Richard Gómez Jr., Ph.D.

CONTENIDO

Mi vecindario

SEMANA 1

TALLER DE LECTURA — Género: Ficción realista
Infografía: De vecino a vecino
DESTREZAS FUNDAMENTALES Las vocales • Las consonantes m, p — **14**

El apagón .... Ficción realista — **27**
por Zetta Elliott

Comprensión de la lectura • Describir a un personaje

PUENTE ENTRE LECTURA Y ESCRITURA — **43**
Vocabulario académico • Leer como un escritor, escribir para un lector • Ortografía: Palabras con m y con p • Lenguaje y normas: Los sustantivos

TALLER DE ESCRITURA — **47**
Presentar el taller de escritura

SEMANA 2

TALLER DE LECTURA — Género: Ficción realista
Infografía: ¿Qué hay en un vecindario?
DESTREZAS FUNDAMENTALES La consonante l inicial • La consonante l final — **52**

Henry sobre ruedas .... Ficción realista — **65**
por B.B. Bourne

Comprensión de la lectura • Describir el ambiente

PUENTE ENTRE LECTURA Y ESCRITURA — **89**
Vocabulario académico • Leer como un escritor, escribir para un lector • Ortografía: Palabras con l • Lenguaje y normas: Los verbos en tiempo presente

TALLER DE ESCRITURA — **93**
Presentar el taller de escritura

SEMANA 3

TALLER DE LECTURA — Género: Texto informativo
Diagrama: Señales de tránsito
DESTREZAS FUNDAMENTALES La consonante s inicial • La consonante s final — **98**

¡Mira a ambos lados! .... Texto informativo — **111**
por Janet Klausner

Comprensión de la lectura • Identificar los elementos del texto

SEMANA 3

PUENTE ENTRE LECTURA Y ESCRITURA — 125
Vocabulario académico • Leer como un escritor, escribir para un lector • Ortografía: Palabras con s • Lenguaje y normas: Las oraciones simples

TALLER DE ESCRITURA — 129
Presentar el taller de escritura

SEMANA 4

TALLER DE LECTURA   Género | Ficción realista
Infografía: Actividades del vecindario
DESTREZAS FUNDAMENTALES La consonante n inicial • La consonante n final — 134

Fiesta de jardín y ¡Clic, clac, clic! .... Ficción realista — 147
por Charles R. Smith Jr. | F. Isabel Campoy

Comprensión de la lectura • Describir a los personajes

PUENTE ENTRE LECTURA Y ESCRITURA — 168
Vocabulario académico • Leer como un escritor, escribir para un lector • Ortografía: Palabras con n • Lenguaje y normas: Los adjetivos y los artículos

TALLER DE ESCRITURA — 171
Presentar el taller de escritura

SEMANA 5

TALLER DE LECTURA   Género | Texto de procedimiento
Infografía: Tipos de vecindarios
DESTREZAS FUNDAMENTALES La consonante d • La consonante t — 176

Hacer un mapa .... Texto de procedimiento — 189
por Gary Miller

Comprensión de la lectura • Identificar los elementos gráficos

PUENTE ENTRE LECTURA Y ESCRITURA — 203
Vocabulario académico • Leer como un escritor, escribir para un lector • Ortografía: Palabras con d y con t • Lenguaje y normas: Oraciones con sustantivos, verbos y adjetivos

TALLER DE ESCRITURA — 207
Presentar el taller de escritura

SEMANA 6

Infografía: Comparar textos
DESTREZAS FUNDAMENTALES Las palabras con ca, co, cu • La consonante f — 212

PROYECTO DE INDAGACIÓN — 224
Indagar: La gente de mi vecindario • Colaborar y comentar: Texto informativo • Hacer una investigación: ¡Compruébalo! • Celebrar y reflexionar

REFLEXIONAR SOBRE LA UNIDAD — 233

UNIDAD 1

Mi vecindario

Pregunta esencial

¿Qué es un vecindario?

▶ **Mira**

"Bienvenido a mi vecindario". Fíjate en lo que puedes aprender sobre un vecindario.

INTERCAMBIAR *ideas*

¿Qué puedes ver en un vecindario? Coméntalo con un compañero.

PEARSON realize™

Puedes hallar todas las lecciones EN LÍNEA.

- VIDEO
- AUDIO
- JUEGO
- ANOTAR
- LIBRO
- INVESTIGACIÓN

Enfoque en la ficción realista

Taller de lectura

Infografía: De vecino a vecino

El apagón .... Ficción realista
por Zetta Elliott

Infografía: ¿Qué hay en un vecindario?

***de* Henry sobre ruedas** .... Ficción realista
por B. B. Bourne

Diagrama: Señales de tránsito

¡Mira a ambos lados! .... Texto informativo
por Janet Klausner

Infografía: Actividades del vecindario

Fiesta de jardín y ¡Clic, clac, clic! .... Ficción realista
por Charles R. Smith Jr. | F. Isabel Campoy

Infografía: Tipos de vecindarios

Hacer un mapa .... Texto de procedimiento
por Gary Miller

Puente entre lectura y escritura

Ficción realista

- Vocabulario académico
- Leer como un escritor, escribir para un lector
- Ortografía • Lenguaje y normas

Taller de escritura

- Club de escritura • Las herramientas digitales que podemos usar juntos • Hacer sugerencias y responderlas
- Hacer y responder preguntas • Publicar y celebrar

Proyecto de indagación

Escribir un texto informativo   Texto informativo

LECTURA INDEPENDIENTE

Lectura independiente

En esta unidad, vas a leer libros con tu maestro o maestra. También seleccionarás, o escogerás, libros para leer por tu cuenta.

Cómo encontrar el libro perfecto:

Escoge un libro. Ábrelo en cualquier página. Comienza a leer.

Levanta un dedo por cada palabra que no conozcas. Usa la siguiente tabla.

0 a 1	El libro es demasiado sencillo.
2 a 3	El libro está perfecto.
4	Hay que darle una oportunidad.
5 o más	El libro es demasiado difícil.

¿Deberías leer el libro?   Sí   No

Mi registro de lectura

Fecha	Libro	Páginas leídas	Minutos leídos	Cuánto me gusta
				😊 😐 ☹️
				😊 😐 ☹️
				😊 😐 ☹️
				😊 😐 ☹️
				😊 😐 ☹️

Si lo deseas, puedes usar un Cuaderno del lector para tomar notas y responder a tu lectura.

INTRODUCCIÓN

Metas de la unidad

En esta unidad,

- leerás ficción realista.
- escribirás un cuento.
- aprenderás acerca de los vecindarios.

 **Colorea** los dibujos para responder.

| Puedo leer ficción realista. | | |

| Puedo formar y usar palabras para leer y escribir ficción realista. | | |

| Puedo escribir un cuento. | | |

| Entiendo qué es un vecindario. | | |

Vocabulario académico

| tipo | grupo | varios | acostumbrarse |

En esta unidad, aprenderás acerca de **varios tipos** de vecindarios en los que viven **grupos** de personas. Esas personas necesitan **acostumbrarse** al vecindario.

Mi TURNO Completa la tabla con una marca.

Palabra	Conozco la palabra.	No conozco la palabra.
tipo		
grupo		
acostumbrarse		
varios		

PRESENTACIÓN DE LA SEMANA: INFOGRAFÍA

De vecino a vecino

INTERCAMBIAR *ideas*   A veces queremos aprender más sobre temas interesantes, por lo que hacemos preguntas para consultas informales. ¿Qué preguntas tienes sobre la información presentada aquí? Coméntalo con un compañero.

Pequeñas bibliotecas

Algunos vecindarios tienen bibliotecas al aire libre. Cualquiera puede tomar prestado un libro de la caja.

¡A comer!

Algunos vecinos ayudan a otros a obtener comida saludable. Los niños hacen manteles individuales coloridos.

Pregunta de la semana

¿Cómo pueden ayudarse los vecinos?

Amigos peludos

Algunos perros se sientan junto a los niños que están aprendiendo a leer. ¡Tú también puedes entrenar a tu perro para que ayude!

CONCIENCIA FONOLÓGICA | FONÉTICA

Las sílabas con a, e, o

VER y DECIR Cada palabra tiene al menos una vocal. Nombra las imágenes. Cuando separas una palabra en sílabas, dices cada sílaba por separado. Separa cada palabra en sílabas. Hay palabras que tienen una sola sílaba. Escucha el sonido de las sílabas con las vocales abiertas **a**, **e** y **o**.

Las vocales a, e, o

MI TURNO Di el nombre de la imagen. Escribe **a** si la palabra comienza con el sonido **a**. Escribe **e** si la palabra comienza con el sonido **e**. Escribe **o** si la palabra empieza con el sonido **o**.

Las sílabas con i, u

VER y DECIR Nombra las imágenes. Cuando separas una palabra en sílabas, dices cada sílaba por separado. Separa cada palabra en sílabas. Escucha el sonido de las sílabas con las vocales cerradas **i** y **u**.

Las vocales i, u

Mi TURNO Di el nombre de la imagen. Escribe **i** si la palabra comienza con el sonido **i**. Escribe **u** si la palabra comienza con el sonido **u**. Fíjate en que la primera sílaba de estas palabras es una sola vocal.

FONÉTICA | CONCIENCIA FONOLÓGICA

Las vocales a, e, o

Mi TURNO Nombra cada imagen. Escribe la vocal que completa la palabra.

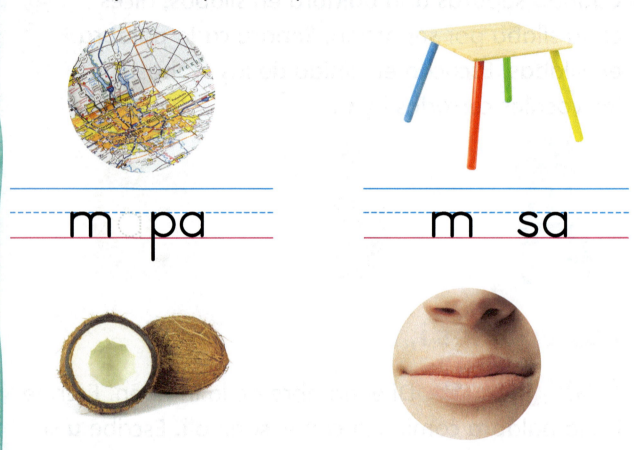

m___pa

m___sa

coc___

boc___

Las vocales i, u

Mi TURNO Haz un dibujo de algo que se escriba con **i** o **u**. Luego, escribe la letra.

La aliteración

 **VER y DECIR** A veces algunos grupos de palabras comienzan con el mismo sonido. Nombra las imágenes. Di el sonido con el que comienzan.

Las consonantes m, p

Las sílabas que comienzan con la letra **m** tienen el sonido que escuchas en **mi**. Las sílabas que comienzan con la letra **p** tienen el sonido que escuchas en **pan**.

Mi TURNO Lee estas palabras.

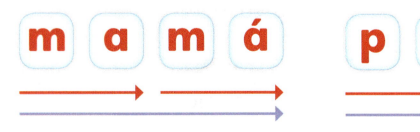

PALABRAS DE USO FRECUENTE | FONÉTICA

Mis palabras

Hay algunas palabras que debes recordar y practicar.

Mi TURNO Lee las palabras.

| en | su | soy | una | veo |

Mi TURNO Completa las oraciones con las palabras del recuadro. Lee las oraciones.

Caligrafía Escribe las palabras claramente.

1. _____ un niño.

2. Yo _____ a Pepa. Pepa es _____ paloma.

3. Papá está _____ su casa.

4. Mamá está en _____ cama.

DESTREZAS FUNDAMENTALES

Las consonantes m, p

INTERCAMBIAR ideas Lee estas palabras con un compañero.

| mamá | mima | mi |
| mapa | mopa | amo |

Mi TURNO Escribe **m** o **p** para completar las palabras.

1. Mi mamá me a____a.

2. Veo un ma____a.

19

FONÉTICA

Las consonantes m, p

Mi TURNO Escribe las sílabas que comienzan con **m** o **p** para completar las palabras.

1. Yo veo a mi _____ má.

2. Mi papá _____ a_____.

INTERCAMBIAR ideas Ahora lee las oraciones con un compañero.

Mi TURNO Agrega sílabas con **p** para completar las palabras. Luego, dibuja una línea para emparejar cada palabra con su imagen.

pe	r	a
	l	a
	ñ	a

20

CUENTO DE FONÉTICA | DESTREZAS FUNDAMENTALES

Veo a Pepe

Soy Mimi.

Veo a Pepe.

Lee el cuento. Resalta la palabra que contiene la consonante m.

CUENTO DE FONÉTICA

Veo una manta.

Veo a Pepe en su manta.

Subraya la palabra que contiene la consonante **p**.

CUENTO DE FONÉTICA   DESTREZAS FUNDAMENTALES

Veo a su papá, Pemo.

Veo a su mamá, Mumi.

Resalta las palabras que contienen las consonantes **m** y **p**.

GÉNERO: FICCIÓN REALISTA

Mi meta de aprendizaje Puedo leer ficción realista.

ENFOQUE EN EL GÉNERO

Ficción realista

La **ficción realista** es un cuento inventado que podría pasar en la vida real. Tiene personajes, que son las personas del cuento.

Se acabó el juego

Personajes •

Juan invita a Max a jugar.

Max sale corriendo con su juguete.

—¡Qué buen lanzamiento! —dice Juan.

—¡Ay, no! —dice Max—. ¡El juguete quedó en el techo!

INTERCAMBIAR ideas Habla con un compañero sobre lo que hace que los personajes de "Se acabó el juego" parezcan reales.

TALLER DE LECTURA

Cartel de referencia: Ficción realista

Personajes

Ambiente

Sucesos que parecen reales

El apagón

Primer vistazo al vocabulario

Vas a leer estas palabras en *El apagón*.

| ver | murmura | silencio | escuchamos |

Leer

Lee para aprender sobre los personajes.

Mira los dibujos para ayudarte a entender lo que pasa en el cuento.

Hazte preguntas sobre lo que hacen los personajes.

Habla sobre el cuento con un compañero.

Conoce a la autora

Zetta Elliott solía tenerle miedo a la oscuridad. Todavía guarda muchas velas y pilas en su casa por si hay un apagón cerca.

Género Ficción realista

🔊 **AUDIO**
Para escuchar y resaltar

✏️ **ANOTAR**

EL APAGÓN

ESCRITO POR ZETTA ELLIOT • ILUSTRADO POR MAXIME LEBRUN

Las luces se apagaron durante la tormenta.

Todo quedó en silencio.

—Iré a ver cómo está el señor Stevens —dijo mamá.

—Yo iré a ver cómo están Marta y Todd —dijo papá.

—Yo iré a ver cómo está la señora Johnson —dije.

LECTURA ATENTA

Subraya las palabras que muestran lo que dice el niño.

Yo subo las escaleras con mi linterna.

La radio de la señora Johnson siempre está encendida.

Pero ahora todo está silencioso.

VOCABULARIO EN CONTEXTO

Subraya las palabras que te ayudan a comprender qué significa **silencioso**.

—Necesito una pila —murmura la señora Johnson.

Le presto mi pila.

LECTURA ATENTA

¿Cómo describirías al niño?
Resalta los detalles clave que te ayudan.

La señora Johnson pone la pila en su radio.

¡Funciona!

Todos se acercan.

Escuchamos la radio juntos hasta que regresa la luz.

VOCABULARIO

Desarrollar el vocabulario

Mi TURNO Subraya la palabra que completa cada oración.

1. Me gusta (ver / murmura) cómo están mis amigos cuando se corta la luz.

2. La habitación está en (silencio / escuchamos).

3. La señora Johnson (fijarme / murmura) en la oscuridad.

4. (Silencio / Escuchamos) la radio juntos.

COMPRESIÓN  TALLER DE LECTURA

Verificar la comprensión

MI TURNO Escribe las respuestas a las preguntas. Puedes volver a mirar el texto.

1. ¿Cómo sabes que este texto es ficción realista?

2. ¿Cómo describe la autora a los personajes?

3. ¿Cómo puedes describir a la señora Johnson? Usa evidencia del texto.

Describir a un personaje

Un **personaje** es una persona o animal de un cuento. Cuando describimos a un personaje, usamos detalles clave para decir cómo se ve él o ella. Decimos lo que el personaje dice o hace. Al igual que las personas reales, los personajes hacen cosas por una razón.

Mi TURNO Describe al personaje principal usando detalles clave. Vuelve a mirar el texto. También usa las imágenes.

Personaje **Lo que dice**

Lo que hace

INTERCAMBIAR ideas Describe con un compañero la razón por la que el niño sube las escaleras.

TALLER DE LECTURA

Usar la evidencia del texto

La evidencia del texto son los detalles que apoyan una idea sobre el texto. La evidencia del texto ayuda a los lectores a describir a los personajes y las razones por las que actúan de cierta manera.

Mi TURNO Dibuja al personaje principal de *El apagón*. Vuelve a mirar el texto.

RESPONDER AL TEXTO

Reflexionar y comentar

En tus palabras

Vuelve a contar, o recuenta, lo que pasa en *El apagón*. ¿De qué otras maneras has leído que se puede ayudar a los vecinos?

Volver a contar un texto

Cuando vuelvas a contar un texto, es importante que:

- Cuentes los sucesos con tus propias palabras.
- Mantengas el significado del texto.

Usa las palabras de esta nota como ayuda.

¿Qué quieres decir?

Ahora vuelve a contar el texto.

Pregunta de la semana

¿Cómo pueden ayudarse los vecinos?

VOCABULARIO  PUENTE ENTRE LECTURA Y ESCRITURA

Puedo formar y usar palabras para leer y escribir ficción realista.

Mi meta de aprendizaje

Vocabulario académico

Las palabras relacionadas pueden tener las mismas partes.

Mi TURNO Escribe cada palabra del recuadro junto a su palabra relacionada.

| acostumbrarse | grupo | tipo | varios |

típico	agrupado
acostumbrado	variedad

TÉCNICA DEL AUTOR

Leer como un escritor, escribir para un lector

Un **texto en primera persona** es un cuento contado por un personaje del cuento. Los textos en primera persona incluyen palabras como **yo, mi, mío** y **nosotros**.

> Yo subo las escaleras con mi linterna.

La autora usa estas palabras para ayudar al lector a entender que el cuento es un texto en primera persona.

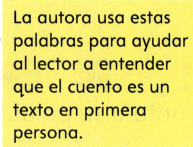 ¿Qué imagen te viene a la mente cuando piensas en el texto en primera persona *El apagón*?

Mi TURNO Escribe una oración sobre algo que te haya pasado. Usa una palabra que muestre que es un texto en primera persona.

ORTOGRAFÍA

PUENTE ENTRE LECTURA Y ESCRITURA

Escribir palabras con m y p

MI TURNO Deletrea, agrupa y escribe las palabras.

Palabras de ortografía
mi   Pepe   amo   puma

m

p

Mis palabras
soy   una

45

LENGUAJE Y NORMAS

Los sustantivos

Un **sustantivo** nombra una persona, un animal o una cosa. La mayoría de los sustantivos masculinos terminan en **o** y los femeninos terminan en **a.**

Nuestro **vecino** trae a su **gato** y una **linterna**.

(persona)   (animal)   (cosa)

Mi TURNO Escribe el sustantivo más indicado del recuadro para completar las oraciones.

| la radio   el niño   los perros |

1. El ____niño____ puede ayudar.

2. Él busca la _____.

3. Él ayuda a los _____.

PRESENTAR EL TALLER DE ESCRITURA

Leer juntos

TALLER DE ESCRITURA

Puedo escribir un cuento.

Mi meta de aprendizaje

Conocer al autor

Un **autor** es la persona que escribe un libro.

Mi TURNO Lee acerca del autor. Subraya el nombre del autor. Resalta la información que indica algo sobre el autor.

Wes escribe desde que era niño.
Le gusta escribir sobre animales.

INTERCAMBIAR ideas Con un compañero, habla acerca de lo que hacen los autores.

PRESENTAR EL TALLER DE ESCRITURA

Lo que hacen los buenos autores

Mi TURNO Lee cada paso del Taller de escritura y dibuja una línea hasta la imagen que le corresponde.

Planificar

Escribir

Conseguir ayuda de otros

Corregir y editar

Publicar y celebrar

TALLER DE ESCRITURA

Club de escritura

El Club de escritura es un grupo que comparte ideas sobre la escritura. Tu Club de escritura te ayudará a convertirte en un mejor escritor.

Expectativas del Club de escritura

Qué hacer

- Cuenta tus experiencias cuando escribes.
- Expresa tus necesidades o sentimientos cuando escribes.

Qué no hacer

- No seas tímido. ¡El trabajo en equipo da grandes resultados!
- No hagas comentarios que no ayuden.

Mi TURNO Preséntate ante tu Club de escritura. Habla acerca de los temas sobre los que te gusta escribir.

PRESENTACIÓN DE LA SEMANA: INFOGRAFÍA

¿Qué hay en un vecindario?

Mi TURNO Subraya el nombre de cada lugar del vecindario.

Casas
Aquí puede vivir una familia.

Apartamentos
Aquí pueden vivir muchas personas.

Pregunta de la semana

¿Qué puedo ver en un vecindario?

Tienda
Las personas pueden comprar comida aquí.

Parque
Los niños pueden jugar aquí.

CONCIENCIA FONOLÓGICA | FONÉTICA

Las sílabas abiertas con l

VER y DECIR Nombra cada imagen. Cuando separas una palabra en sílabas, dices cada sílaba por separado. Separa cada palabra en sílabas. Escucha los sonidos iniciales.

La consonante l inicial

Algunas palabras tienen sílabas que comienzan con el sonido que escuchas al comienzo de la palabra **lima**. Ese sonido se escribe con la letra **l**. Las dos sílabas de la palabra **lima** terminan en vocal, es decir, son sílabas abiertas.

Mi TURNO Lee estas palabras.

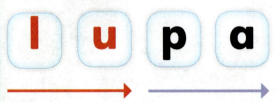 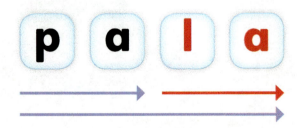

DESTREZAS FUNDAMENTALES

La consonante l inicial

INTERCAMBIAR *ideas* Lee estas palabras con un compañero.

| loma | mula | palo |

| pila | pelo | ola |

Mi TURNO Nombra cada imagen. Escribe la sílaba con l inicial para completar la palabra. Di el nombre de la imagen otra vez.

___ro   ___món

___ón   ___o

53

FONÉTICA | CONCIENCIA FONOLÓGICA

La consonante l inicial

Mi TURNO Escribe la sílaba con l inicial para completar las palabras. Lee la oración.

Pronuncia cada sílaba. Luego, di la palabra completa.

Mi___ra está en el pa___

Mi TURNO Escribe una oración sobre la lora.

DESTREZAS FUNDAMENTALES

Las sílabas cerradas con l

VER y DECIR Nombra cada imagen. Cuando separas una palabra en sílabas, dices cada sílaba por separado. Separa cada palabra en sílabas. Escucha los sonidos finales.

La consonante l final

Las sílabas que terminan con la letra **l** tienen el sonido que escuchas en **sol**. La consonante **l** final forma sílabas cerradas, es decir, sílabas que terminan en consonante.

Mi TURNO Lee estas palabras.

PALABRAS DE USO FRECUENTE | FONÉTICA

Mis palabras

Hay palabras que debes recordar y practicar.

Mi TURNO Lee las palabras.

| es | un | con | niña | juega |

Mi TURNO Completa las oraciones con las palabras del recuadro. Lee las oraciones.

1. La ____niña____ es Ana.

2. Ana _____ con _____ niño.

3. Pepe _____ su papá.

4. Ana juega _____ su papá.

DESTREZAS FUNDAMENTALES

Leer juntos

La consonante l final

INTERCAMBIAR ideas Lee estas palabras con un compañero.

| al | del |
| papel | palma |

Mi TURNO Escribe las sílabas que terminan con **l** para completar las palabras.

1. El _____ sale en el día.

2. La _____ ma se mece.

INTERCAMBIAR ideas Ahora lee las oraciones con un compañero.

FONÉTICA

La consonante l final

Mi TURNO Nombra cada imagen. Escribe la sílaba con **l** final para completar las palabras. Luego, lee las palabras.

 sol

ár

pa

fín

 Escribe una oración sobre una de las palabras.

La niña juega

Lupe juega con la niña.
Ma, me, mi, mo, mu,
amo a mi mamá.

Resalta las palabras que contienen sílabas con la consonante l inicial.

CUENTO DE FONÉTICA

Amil juega con la pelota.

La niña juega con Amil.

Subraya las palabras que contienen sílabas con la consonante **l** final.

Mila juega con una pala.

La pala es lila.

Mila juega con un niño.

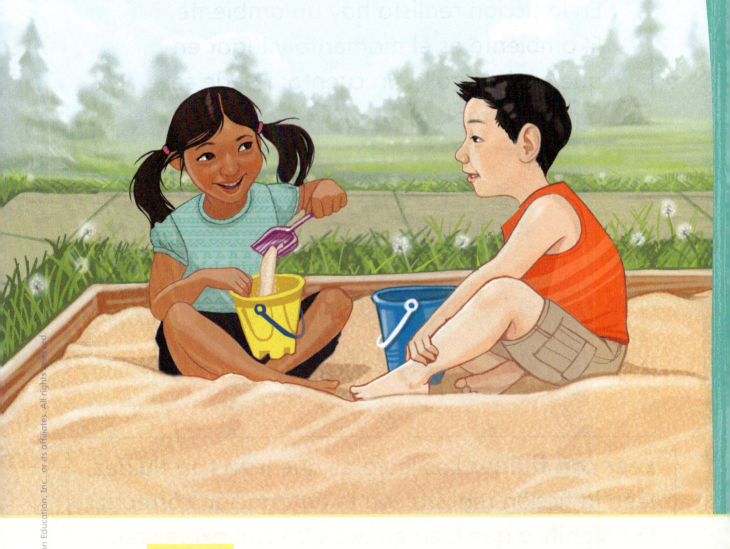

Resalta las palabras que contienen sílabas con la consonante l inicial.

GÉNERO: FICCIÓN REALISTA

Mi meta de aprendizaje Puedo leer ficción realista.

ENFOQUE EN EL GÉNERO

Ficción realista

En la ficción realista hay un ambiente. El ambiente es el momento y lugar en que se desarrolla un cuento. Puede ser o parecer real.

Leer con fluidez Los lectores que leen con fluidez, leen la ficción realista con la entonación correcta. Eso significa que leen en voz alta con expresión. Después de leer el cuento de esta semana, practica cómo leer con fluidez con un compañero.

de Henry sobre ruedas

Primer vistazo al vocabulario

Vas a leer estas palabras en *Henry sobre ruedas*.

| calle | arena | cuadra | esquina |

Leer

Lee para disfrutar el cuento.

Mira las ilustraciones para ayudarte a comprender lo que está pasando.

Hazte preguntas sobre el ambiente.

Habla sobre el cuento con un compañero.

Conoce al autor

Brian Biggs creó la serie *Everything Goes* (Todo anda). Le encantan las cosas que se mueven. B. B. Bourne escribió este texto al estilo de Brian Biggs.

Género **Ficción realista**

de *Everything Goes (Todo anda)*

Henry sobre ruedas

por B. B. Bourne

ilustrado por Simon Abbott

AUDIO
Para escuchar y resaltar

ANOTAR

Henry tiene una bicicleta roja.

A Henry le encanta montar su bicicleta.

Puede ir de un lado a otro.

Henry puede ir solo.

—Puedo ir lejos —dice Henry—. Quiero dar un paseo largo.

VOCABULARIO EN CONTEXTO

Subraya la palabra que te ayuda a entender qué significa **lejos**.

—Puedes ir —dice la mamá de Henry—. Puedes dar la vuelta a la cuadra.

—¡Qué aburrido! —dice Henry.

—Pero me quedaré en nuestra cuadra. Henry se despide de su mamá y se va en su bicicleta.

Subraya las palabras que indican adónde irá Henry.

Henry pasea por la calle.

Pasa junto a un niño en un triciclo.

Pasa junto a una niña que salta a la cuerda.

Henry pasa junto a un gato.

Pasa junto a dos perros.

Henry dobla en la esquina.

Ve una fila de personas.

Se detiene a mirar.

—¡Vaya! —dice Henry.

Henry pasea un poco más.

Ve a un hombre con una pala.

También ve una mezcladora.

LECTURA ATENTA

Resalta algo de estas páginas sobre lo que tengas una pregunta. Luego, para comprender mejor la lectura, hazte una pregunta al respecto.

Henry se detiene para mirar.

El tambor gira.

Se vierte grava.

Henry se despide con la mano.

Gira en una esquina.

Unos niños grandes pasan en bicicleta.

—¡Qué bonita bici! —dice un niño.

—¡Qué bien viajas! —dicen.

Henry avanza por la calle.

Ve a unos niños en los columpios.

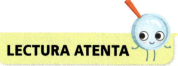

Subraya las palabras de esta página que indican por dónde va Henry en bicicleta.

Henry ve a unos niños que se tiran del tobogán y juegan en la arena.

Henry pasa con su bicicleta.

Los saluda pero no se detiene.

Henry oye unos ruidos.

Mira hacia adelante.

—¡Más máquinas! —dice.

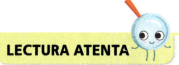

Resalta algo de la página 78 sobre lo que tengas preguntas.

Henry se detiene a mirar.

Una excavadora empuja la tierra.

Un camión de volteo retrocede.

Una retroexcavadora excava.

El camión de volteo se aleja.
—¡Vaya! —dice Henry.

Henry ve una grúa.

La grúa se balancea.

Unos hombres desenganchan la carga.

El camión de volteo regresa.

La retroexcavadora lo llena.

—¡Qué buen día! —dice Henry.

FLUIDEZ

Lee las páginas 68 y 69 en voz alta con un compañero para practicar la lectura con expresión.

VOCABULARIO

Desarrollar el vocabulario

Mi TURNO Usa las palabras del recuadro para completar las oraciones sobre los lugares por los que pasa Henry en su bicicleta.

| calle | arena | cuadra | esquina |

Henry puede pasear por su _____cuadra_____.

Va en su bicicleta por la _____.

Al doblar en la _____ hay una fila de gente.

Henry ve a unos niños jugando en la _____.

COMPRENSIÓN TALLER DE LECTURA

Verificar la comprensión

Mi TURNO Escribe las respuestas a las preguntas. Puedes volver a mirar el texto.

1. ¿Qué hace que el ambiente sea realista?

2. ¿Por qué el autor mantiene a Henry en su cuadra?

3. ¿En qué se parece tu vecindario al de Henry? Usa evidencia del texto.

LECTURA ATENTA

Describir el ambiente

El **ambiente** es el momento y lugar en que se desarrolla un cuento.

Mi TURNO ¿Cuál es el ambiente de *Henry sobre ruedas*? Vuelve a mirar el texto.

El ambiente de *Henry sobre ruedas* es

¿Qué detalles del cuento te ayudan a describir el ambiente?

TALLER DE LECTURA

Hacer y responder preguntas

Hacer preguntas sobre el ambiente y responderlas a medida que lees te ayuda a entender mejor el texto.

Mi TURNO Dibuja la respuesta a una de tus preguntas sobre *Henry sobre ruedas*. Vuelve a mirar el texto.

INTERCAMBIAR ideas ¿Qué preguntas tienes luego de leer el texto? Coméntalas con un compañero.

RESPONDER AL TEXTO

Reflexionar y comentar

Escribir basándose en las fuentes

Leíste sobre el vecindario de Henry. En una hoja aparte, escribe sobre otro cuento de ficción realista que hayas leído. Usa evidencia del texto para mostrar en qué se parecen o se diferencian los ambientes.

Usar evidencia del texto

Cuando escribas sobre textos, es importante que uses evidencia del texto, o ejemplos tomados del texto. Debes:

○ Buscar evidencia del texto para apoyar tus ideas.

Pregunta de la semana

¿Qué puedo ver en un vecindario?

VOCABULARIO  PUENTE ENTRE LECTURA Y ESCRITURA

Puedo formar y usar palabras para leer y escribir ficción realista.

Mi meta de aprendizaje

Vocabulario académico

Los **sinónimos** son palabras que tienen significados similares.

Mi TURNO Lee cada oración. Escribe una palabra del recuadro que pueda reemplazar la palabra subrayada.

| grupo | tipo | varios |

1. Ella necesita una <u>clase</u> de fruta específica. __tipo__

2. En nuestro vecindario hay <u>muchos</u> lugares donde divertirse. _____

3. El <u>equipo</u> se reúne en el parque. _____

TÉCNICA DEL AUTOR

Leer como un escritor, escribir para un lector

Los autores escogen palabras para ayudar a los lectores a comprender lo que sienten los personajes ante lo que ven.

Se detiene a mirar.
—¡Vaya! —dice Henry.

> El autor usa esta palabra para expresar lo que siente Henry ante lo que ve.

 Mi TURNO Escribe algunas palabras o frases que muestren cómo expresarías lo que sientes al ver algo nuevo.

ORTOGRAFÍA

PUENTE ENTRE LECTURA Y ESCRITURA

Escribir palabras con l

Cuando la consonante **l** está al comienzo de la sílaba, forma una sílaba abierta. Cuando la consonante **l** está al final de la sílaba, forma una sílaba cerrada. Las palabras **al** y **del** son contracciones gramaticales, es decir, están formadas por dos palabras:

$$de + el = del$$
$$a + el = al$$

Mi TURNO Agrupa y escribe las palabras. Luego, escribe Mis palabras.

Palabras de ortografía

| lima | al | pala | del |

l inicial

l final

Mis palabras

| es | niña |

LENGUAJE Y NORMAS

Los verbos en tiempo presente

Un **verbo** es una palabra que indica acción en una oración. Un **verbo en tiempo presente** indica una acción que transcurre ahora. Un verbo siempre debe concordar con el sujeto de la oración. Fíjate en las oraciones siguientes.

Enrique **compra** pan. Raúl y yo **ponemos** la mesa. Mamá y papá **cocinan**. Yo **lavo** los platos. Tú **secas** los platos.

Mi TURNO Encierra en un círculo el verbo en presente que complete cada oración correctamente. Fíjate en la concordancia entre sujeto y verbo.

1. Enrique (camina / camino) hacia el parque.

2. Tú (paseas / pasean) con tu papá.

3. Nosotros (saltamos / salta).

PRESENTAR EL TALLER DE ESCRITURA

Leer juntos

TALLER DE ESCRITURA

Puedo escribir un cuento.

Mi meta de aprendizaje

De dónde toman sus ideas los autores

Los autores toman sus ideas de sus experiencias o de su imaginación. También toman ideas de lo que ven a su alrededor.

Mi TURNO ¿Sobre qué quieres escribir? Usa la tabla para dibujar o escribir tus ideas.

Ideas	¿De dónde salió la idea?

PRESENTAR EL TALLER DE LECTURA

Las herramientas digitales que podemos usar

Las computadoras y tabletas son **herramientas digitales**. Las herramientas digitales nos pueden servir para escribir.

Mi TURNO Mira los siguientes textos. Resalta la diferencia entre los dos tipos de escritura.

El gato grande puede sentarse. Tomará una siesta.

El gato GRANDE puede sentarse. Tomará una siesta.

INTERCAMBIAR ideas Con un compañero, comenta de qué manera las herramientas digitales pueden convertirte en un mejor escritor.

94

TALLER DE ESCRITURA

Las herramientas digitales que podemos usar juntos

Los autores usan herramientas digitales para buscar información y usarla cuando escriben. Trabajan con otras personas para escribir con herramientas digitales.

Mi TURNO Lee la lista de reglas para usar herramientas digitales. Marca cada recuadro cuando uses herramientas digitales.

- ☐ Pregunta antes de usar cualquier herramienta digital.
- ☐ Visita únicamente sitios web aprobados por tu maestro o maestra.
- ☐ Pide ayuda para buscar imágenes para tu escritura.
- ☐ Comparte las herramientas digitales con los demás.

PRESENTACIÓN DE LA SEMANA: DIAGRAMA

Señales de tránsito

Mi TURNO Subraya los nombres de las señales de tránsito que te ayudan a mantenerte seguro.

Semáforo

Un semáforo permite que las personas sepan cuándo es seguro cruzar la calle.

Rojo significa "alto".

Amarillo significa "prepárate para detenerte".

Verde significa "avanza".

Pregunta de la semana

¿Cómo nos ayudan las señales de nuestro vecindario?

Señales de caminar y esperar

Las señales de caminar y esperar indican a las personas cuándo es seguro cruzar la calle.

Cruzar

No cruzar

CONCIENCIA FONOLÓGICA | FONÉTICA

Las sílabas abiertas con s

VER y DECIR Nombra cada imagen. Cuando separas una palabra en sílabas, dices cada sílaba por separado. Separa cada palabra en sílabas. Escucha los sonidos iniciales.

La consonante s inicial

Algunas palabras tienen sílabas que comienzan con el sonido que escuchas al comienzo de la palabra **sol**. Ese sonido algunas veces se escribe con la letra **s**.

Mi TURNO Lee estas palabras.

 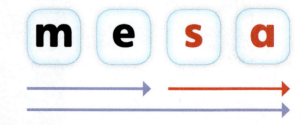

98

La consonante s inicial

**INTERCAMBIAR** *ideas* Lee estas palabras con un compañero.

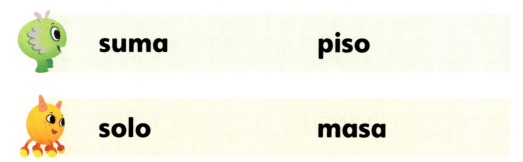

| suma | piso |
| solo | masa |

Mi TURNO Nombra cada imagen. Escribe la sílaba con **s** inicial para completar la palabra. Di el nombre de la imagen otra vez.

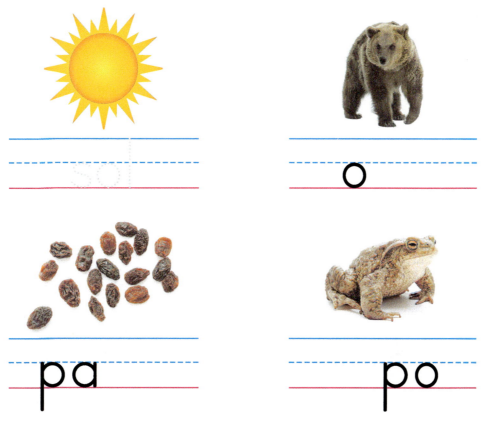

___ o

___ pa   ___ po

99

FONÉTICA | CONCIENCIA FONOLÓGICA

La consonante s inicial

Mi TURNO Lee las siguientes oraciones. Subraya las palabras que tienen sílabas que comienzan con **s**.

Veo un sapo en la mesa.

El sapo le pone sal a la sopa.

Mi TURNO Haz un dibujo del sapo. Rotula el dibujo con una palabra que tenga una sílaba con **s** inicial.

Escucha el sonido de la consonante **s**.

DESTREZAS FUNDAMENTALES

La aliteración

VER y DECIR A veces algunos grupos de palabras comienzan con el mismo sonido. Nombra los dibujos. Di el sonido con el que comienzan.

La consonante s final

Las sílabas que terminan con la letra **s** tienen el sonido que escuchas al final de **ves**. La palabra **ves** tiene una sílaba cerrada, es decir, que termina en consonante.

Mi TURNO Lee estas palabras. Fíjate en las sílabas abiertas y cerradas.

PALABRAS DE USO FRECUENTE | FONÉTICA

Mis palabras

Hay palabras que debes recordar y practicar.

Mi TURNO Lee las palabras.

| de | está | mira | cerca | vamos |

Mi TURNO Completa las oraciones con las palabras del recuadro. Lee las oraciones.

Caligrafía Escribe las palabras claramente.

1. El papá _____ mira _____ el mapa.

2. El papá _____ con el niño. Están _____ de la casa.

3. ¡_____ a la casa!

4. ¡_____! Es la casa _____ mi papá.

La consonante s final

INTERCAMBIAR ideas Lee estas palabras con un compañero. Fíjate en las sílabas abiertas y las sílabas cerradas.

| esta | meses | mismas |
| espuma | pasos | sumas |

Mi TURNO Escribe las sílabas cerradas que terminan con **s** para completar las palabras.

1. La niña da dos pa_____.

2. Veo u_____ pu_____.

3. La niña juega con los ma_____.

INTERCAMBIAR ideas Ahora lee las oraciones con un compañero.

FONÉTICA

La consonante s final

Mi TURNO Nombra cada imagen. Escribe las sílabas cerradas que terminan con **s** para completar las palabras. Luego, lee las palabras.

es pina

___ la

___ ca

Mi TURNO Escoge una palabra de las que escribiste. Escribe una oración con esa palabra.

_____
_____

CUENTO DE FONÉTICA — **DESTREZAS FUNDAMENTALES**

¡Vamos a las lomas!

Lalo pasa solo. Lisa pasa cerca.

¡Mira, pasa un sapo!

¡Vamos, pisamos, pasamos!

AUDIO
Para escuchar y resaltar

ANOTAR

Resalta las palabras que contienen sílabas con la consonante **s** inicial.

CUENTO DE FONÉTICA

Susi mira un mapa con Sami.

¡Mira, está cerca! Solo un paso más.

¡Vamos, pisamos, pasamos!

Subraya las palabras que contienen sílabas con la consonante **s** final.

| CUENTO DE FONÉTICA | DESTREZAS FUNDAMENTALES |

Pisamos más pasos.

Pasos de sapos.

¡Vamos a Las Lomas con los sapos!

Resalta las palabras que contienen sílabas con la consonante **s** inicial.

GÉNERO: TEXTO INFORMATIVO

Mi meta de aprendizaje Puedo leer sobre un vecindario.

Texto informativo

Un texto informativo puede tener datos sobre personas, cosas, sucesos, o acontecimientos, reales. Puede tener elementos, o características, del texto, como encabezados.

Vecindarios

Encabezado → **LUGARES**

Hay muchos lugares en un vecindario. Hay un mercado en el que la gente compra comida. Hay una escuela en la que los niños aprenden.

INTERCAMBIAR ideas ¿En qué se diferencia un texto informativo de un texto de ficción realista? Coméntalo con un compañero.

TALLER DE LECTURA

Leer juntos

Cartel de referencia: Texto informativo

LUGARES DEL VECINDARIO

Hecho

Encabezado ↑
Te dice de qué trata una sección.
Te ayuda a hallar información.

Hecho

¡Mira a ambos lados!

Primer vistazo al vocabulario

Vas a leer estas palabras en *¡Mira a ambos lados!*

| derecha | guardia | izquierda | paso de peatones |

Leer

Lee para aprender sobre la seguridad al cruzar la calle.

Mira las ilustraciones y los encabezados.

Hazte preguntas sobre la información que no entiendes.

Habla sobre las ideas más importantes.

Conoce a la autora

Janet Klausner creció en una ciudad grande, donde las calles estaban día y noche repletas de carros. Siempre recuerda lo importante que es "mirar a ambos lados" antes de cruzar la calle.

Paso de peatones

Líneas

¿Qué te indican estas líneas en la calle?

Las líneas indican un lugar seguro donde cruzar.

¡Antes, mira a ambos lados!

Subraya el rótulo que te ayuda a encontrar el paso de peatones en la fotografía.

Guardias de cruce

¿Qué te indica esta guardia?

114

Avanza cuando esta guardia te diga que es seguro.

¡Antes, mira a ambos lados!

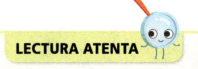

¿Por qué la autora usa el encabezado **Guardias de cruce?** Resalta los detalles que te ayudan a explicarlo.

Imágenes

¿Qué te indican estas dos imágenes?

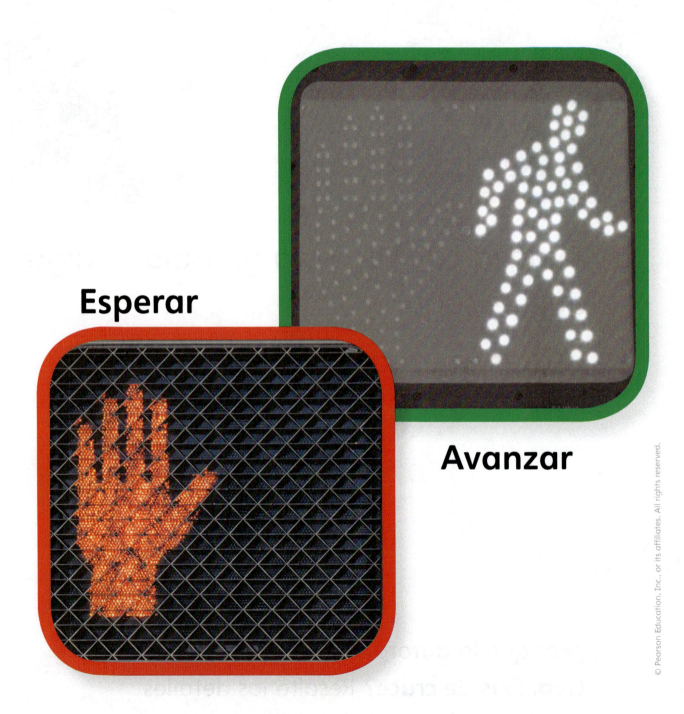

Esperar

Avanzar

Avanza cuando la imagen muestre a una persona.

¡Antes, mira a ambos lados!

LECTURA ATENTA

<u>Subraya</u> el encabezado que indica el tema principal de estas páginas.

Seguridad

¡Mira todo el tránsito!

¿Cómo caminarás seguro?

Tránsito

Mira a la izquierda, mira a la derecha, vuelve a mirar a la izquierda.

¡Y ahora camina seguro!

Glosario

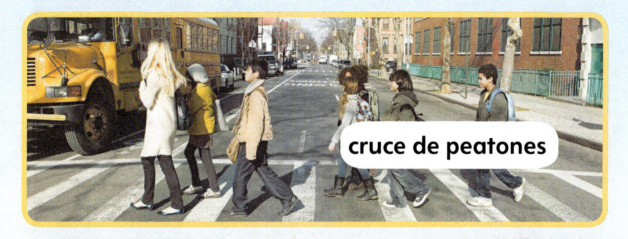
cruce de peatones

tránsito

VOCABULARIO EN CONTEXTO

¿Qué significa la palabra **tránsito**? ¿Cómo te ayuda la imagen a comprenderla?

119

VOCABULARIO

Desarrollar el vocabulario

Mi TURNO Dibuja una línea desde cada palabra hasta la imagen que muestra su significado.

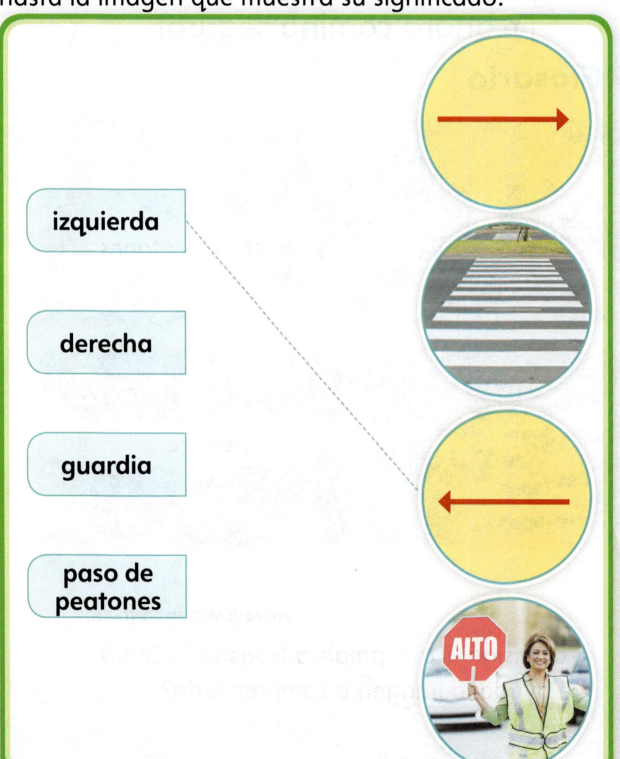

COMPRENSIÓN · Leer juntos · TALLER DE LECTURA

Verificar la comprensión

Mi TURNO Escribe las respuestas a las preguntas. Puedes volver a mirar el texto.

1. ¿Cómo sabes que este es un texto informativo?

2. ¿Por qué la autora usa el título *¡Mira a ambos lados!* para este texto?

3. ¿Por qué debes mirar a ambos lados antes de cruzar la calle? Usa evidencia del texto.

LECTURA ATENTA

Identificar los elementos del texto

Los elementos, o características, del texto te ayudan a buscar información y aprenderla.

Un **encabezado** indica el tema de una sección.

Un **rótulo** indica lo que muestra una imagen.

MI TURNO ¿Qué puedes aprender sobre los elementos del texto en *¡Mira a ambos lados!*? Vuelve a mirar el texto.

Elementos del texto	Lo que aprendí
Rótulo	
Encabezado	

122

Usar la evidencia del texto

La evidencia del texto son los detalles que apoyan lo que un lector piensa sobre el texto y los elementos del texto.

Mi TURNO Dibuja los detalles que apoyan el encabezado **Guardias de cruce.** Vuelve a mirar el texto. Usa las imágenes también.

Reflexionar y comentar

En tus palabras

Vuelve a contar, o recuenta, ¡*Mira a ambos lados!* en tus propias palabras. ¿En qué se parece este texto a otros textos que has leído sobre vecindarios?

Escuchar a otros

Cuando compartas ideas con los demás, es importante que:

- Guardes silencio cuando los demás hablan.
- Mires al hablante para mostrarle que lo estás escuchando.

Mira la imagen como ayuda.

Pregunta de la semana

¿Cómo nos ayudan las señales de nuestro vecindario?

VOCABULARIO  **PUENTE ENTRE LECTURA Y ESCRITURA**

Puedo formar y usar palabras para conectar la lectura y la escritura.

Mi meta de aprendizaje

Vocabulario académico

Las **claves del contexto** te ayudan a entender el significado de una palabra desconocida. Las claves pueden ser palabras que rodean la palabra desconocida.

Mi TURNO Lee cada oración. Resalta la clave del contexto de la palabra subrayada.

1. Este es un nuevo grupo, o conjunto, de libros.

2. Quieren sentirse cómodos y acostumbrarse a este vecindario.

3. Hay muchas casas donde viven varios vecinos.

TÉCNICA DEL AUTOR

Leer como un escritor, escribir para un lector

Los autores usan ciertos elementos del texto impreso para ayudar a los lectores a encontrar información.

Guardias de cruce

¿Qué te indica esta guardia?

> La autora organiza la información en secciones con encabezados para ayudar a los lectores a encontrar la información que necesitan.

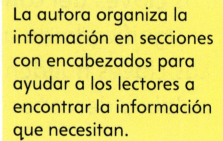 **INTERCAMBIAR ideas** Busca un elemento del texto impreso. Comenta con un compañero por qué lo usa la autora.

Mi TURNO Escribe una oración sobre cruzar la calle. Luego, escribe un encabezado que diga de qué trata la oración.

Encabezado: _____

ORTOGRAFÍA  PUENTE ENTRE LECTURA Y ESCRITURA

Escribir palabras con s

Cuando la consonante **s** está al comienzo de la sílaba, puede formar una sílaba abierta. Cuando la consonante **s** está al final de la sílaba, siempre forma una sílaba cerrada.

Cuando ponemos palabras en orden alfabético, las escribimos en el orden en que aparecen en el alfabeto.

Mi TURNO Agrupa y escribe las siguientes palabras en orden alfabético.

Palabras de ortografía

sopa   mes   espuma   suma

sílabas con s inicial

sílabas con s final

Mis palabras

mira   de

LENGUAJE Y NORMAS

Las oraciones simples

Una **oración simple** cuenta una idea completa. Tiene sujeto y verbo. El **sujeto** es la persona o cosa que se describe o que hace una acción. El **verbo** es la parte que habla de la acción. Una oración comienza con una letra mayúscula y termina con un signo de puntuación.

La niña camina. (idea completa)

Mi TURNO Corrige cada grupo de palabras para formar una oración simple.

1. autos los paran

2. ayuda guardia el

Los elementos de un libro de ficción

La **portada** tiene el título y los nombres del autor y el ilustrador.

La **contraportada** menciona detalles sobre el libro.

La **página del título** está cerca de la portada del libro. Menciona el título, el autor y la editorial de un libro.

Mi TURNO Encierra en un círculo la parte del libro que te da cada información.

nombre del ilustrador	portada	contraportada
título del libro	contraportada	página del título
detalles	contraportada	portada
nombre del autor	página del título	contraportada

Los elementos de un libro de no ficción

En el **contenido** se mencionan los títulos de las secciones de un libro.

Un **índice** es una lista de los temas de un libro y de las páginas que tienen información sobre cada tema.

Un **glosario** se encuentra al final del libro. Menciona los significados de las palabras importantes del libro.

Mi TURNO Encierra en un círculo la parte de un libro que tiene los significados de las palabras importantes.

Resalta la parte de un libro que menciona los títulos de las secciones.

Subraya la parte de un libro que enumera los temas.

Contenido
Cruzar la calle.... 2
Señales de tránsito..... 5

Índice
Seguridad 2, 3, 15
Señal de alto 8, 9, 12-13

Glosario
paso de peatones área marcada con líneas que las personas usan para cruzar la calle

semáforo señal de tránsito

Hacer sugerencias y responderlas

Una parte importante de la escritura es hablar con otros sobre modos de mejorarla. Puedes sugerir modos para que los demás también mejoren su escritura.

Mi TURNO Resalta dos ejemplos de sugerencias sobre la escritura de otros.

Creo que a esta parte le hace falta una imagen.

Me gustan los personajes y lo que hacen.

¿Podrías contarme algo más sobre este personaje?

INTERCAMBIAR ideas Habla con un compañero sobre cómo puedes responder a las sugerencias de arriba.

PRESENTACIÓN DE LA SEMANA: INFOGRAFÍA

Actividades del vecindario

¡Fiesta de la cuadra! Los vecinos se reúnen para divertirse, comer, jugar y escuchar música.

¡Venta de jardín! Las ventas de jardín ayudan a los vecinos a vender las cosas que no necesitan.

Pregunta de la semana

¿Cómo puedo conocer a mis vecinos?

SEMANA 4

¡Siembra un árbol!
Los vecinos pueden trabajar juntos para sembrar un árbol nuevo.

INTERCAMBIAR ideas ¿Qué actividades se realizan en tu vecindario? Coméntalo con un compañero.

CONCIENCIA FONOLÓGICA | FONÉTICA

Las sílabas abiertas con n

VER y DECIR Nombra cada imagen. Cuando separas una palabra en sílabas, dices cada sílaba por separado. Separa en sílabas las siguientes palabras de dos sílabas. Escucha los sonidos iniciales.

La consonante n inicial

Las sílabas que comienzan con **n** tienen el sonido que escuchas al comienzo de la palabra **nube**. La palabra **nube** tiene dos sílabas abiertas, es decir, que terminan en vocal.

Mi TURNO Lee estas palabras.

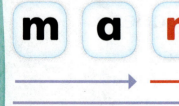 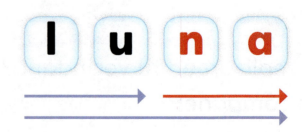

DESTREZAS FUNDAMENTALES

La consonante n inicial

INTERCAMBIAR ideas Lee estas palabras con un compañero.

| nada | nena |
| sano | pino |

Mi TURNO Nombra cada imagen. Escribe la sílaba con **n** para completar la palabra. Di el nombre de la imagen otra vez.

___ño   ___ma

___dar   ___ra

FONÉTICA | CONCIENCIA FONOLÓGICA

La consonante n inicial

Mi TURNO Lee las siguientes oraciones. <u>Subraya</u> las palabras que tienen sílabas que comienzan con **n**.

El <u>ni</u>ño <u>na</u>da.

Nina y el niño van al lago.

Nina no sabe nadar.

El niño le da la mano a Nina.

Escucha los sonidos de las sílabas.

Mi TURNO Haz un dibujo sobre el niño y Nina.

Las sílabas cerradas con n

VER y DECIR Nombra cada imagen. Cuando separas una palabra en sílabas, dices cada sílaba por separado. Separa cada palabra en sílabas. Escucha los sonidos finales.

La consonante n final

Las sílabas que terminan con la letra **n** tienen el sonido que escuchas al final de la palabra **pan**. La palabra **pan** tiene una sílaba cerrada, es decir, que termina en consonante.

Mi TURNO Lee estas palabras.

s o n   p o n

Mis palabras

Hay palabras que debes recordar y practicar.

Mi TURNO Lee las palabras.

| y | hay | casa | ella | tiene |

Mi TURNO Completa las oraciones con las palabras del recuadro. Lee las oraciones.

1. La __casa__ de Ana es linda.

2. Ana _____ una sala en su _____.

3. En la sala _____ una mesa _____ una manta.

4. _____ está contenta.

DESTREZAS FUNDAMENTALES

La consonante n final

INTERCAMBIAR ideas Lee estas palabras con un compañero.

| panal | antena | cinta |
| antes | pinta | mancha |

Mi TURNO Escribe las sílabas que terminan con **n** para completar las palabras.

1. La _____ta está _____cima de la mesa.

2. La _____tera es _____da.

3. Yo _____to una _____ta.

INTERCAMBIAR ideas Ahora lee las oraciones con un compañero.

FONÉTICA

La consonante n final

Mi TURNO Nombra cada imagen. Escribe las sílabas que terminan con **n** para completar las palabras. Luego, lee las palabras.

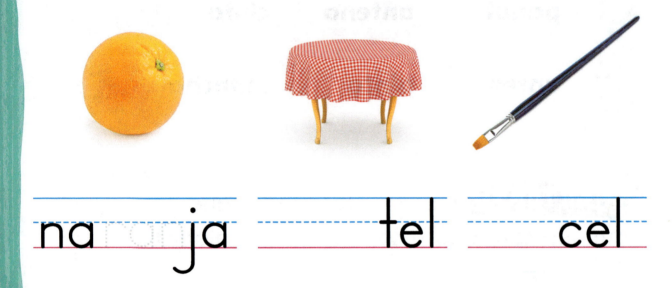

na____ja   ____tel   ____cel

Mi TURNO Escribe una oración sobre uno de los dibujos.

CUENTO DE FONÉTICA DESTREZAS FUNDAMENTALES

En la casa de Nani

Vamos a la casa de Nani.

Su casa está cerca.

¡Ella tiene a Nino!

AUDIO
Para escuchar y resaltar

ANOTAR

Resalta las palabras que contienen sílabas con la consonante **n** inicial.

CUENTO DE FONÉTICA

Ana pone la mesa.

En la mesa hay pan.

¿Nani, me pasas un pan?

Subraya las palabras que contienen sílabas con la consonante **n** final.

CUENTO DE FONÉTICA · DESTREZAS FUNDAMENTALES

Nos vamos a mi casa.

Veo a Nani y a Nino.

—Nani, ¡mira la luna!

Resalta las palabras que contienen sílabas con la consonante **n** inicial.

GÉNERO: FICCIÓN REALISTA

Mi meta de aprendizaje Puedo leer ficción realista.

ENFOQUE EN EL GÉNERO

Ficción realista

Los personajes en la ficción realista son las personas. Los detalles del cuento indican qué dicen, hacen y sienten los personajes.

INTERCAMBIAR *ideas* Describe con un compañero la razón por la que el niño ayudó a la señora Johnson en *El apagón*.

Establecer un propósito Es importante pensar por qué estás leyendo. Tu propósito, o razón, podría ser aprender o divertirte.

TALLER DE LECTURA

Cartel de referencia: Ficción realista

Personaje
Pam

Detalles del personaje

Las palabras ⟷ y ⟷ los dibujos

Pam brinca y brinca.
—¡Sí! —dice Pam.

dan más detalles sobre el personaje.
¡Pam está feliz!

Fiesta de jardín

Primer vistazo al vocabulario

Vas a leer estas palabras en *Fiesta de jardín*.

| ayudar | sembrar |

Leer y comparar

Piensa por qué leerás este texto.

Lee según el propósito que estableciste.

Mira las palabras y las imágenes para ayudarte a comprender los personajes.

Hazte preguntas sobre los personajes.

Compara este texto con ¡*Clic, clac, clic!*

Conoce al autor

Charles R. Smith Jr. es escritor, fotógrafo y poeta. Ha escrito más de 30 libros. Charles está especialmente orgulloso de que muchos niños a quienes no les gusta leer sí disfrutan la lectura de sus libros.

—¡Tenemos el lugar para nuestro jardín! —dijo papá.

—¿Cómo haremos para sembrar el jardín? —preguntó Jamal—. ¡Es tan grande!

—Podemos dar una fiesta de jardín —dijo mamá.

—Correcto —dijo papá—. Nuestros vecinos nos ayudarán.

—¿Lo harán? —preguntó Jamal.

VOCABULARIO EN CONTEXTO

¿Qué significa la palabra **jardín**? ¿Qué parte de los dibujos te ayuda a saberlo?

Primero, fueron al edificio alto de apartamentos de la calle del Estado.
—Ayudaremos —dijeron sus vecinos.

Luego, fueron a las casas de ladrillo rojo cerca del parque.
—Ayudaremos —dijeron sus vecinos.

LECTURA ATENTA

¿Qué puedes comprender sobre los vecinos? <mark>Resalta</mark> los detalles que te ayudan.

Por último, fueron a todas las pequeñas tiendas de la calle principal.
—Ayudaremos —dijeron sus vecinos.

—Tenías razón, papá —dijo Jamal—. ¡Nuestros vecinos sí ayudaron!

—Eso es lo que hacen los vecinos —dijo papá.

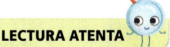

LECTURA ATENTA

¿Cómo se siente Jamal ahora? Subraya el texto que te ayuda a describir a Jamal.

¡Clic, clac, clic!

Primer vistazo al vocabulario

Vas a leer estas palabras en *¡Clic, clac, clic!*

| unirte | conocer |

Leer y comparar

Piensa por qué leerás este texto.

Lee según el propósito que estableciste.

Mira las palabras y las imágenes para ayudarte a comprender los personajes.

Hazte preguntas sobre los personajes.

Compara este texto con *Fiesta de jardín*.

Conoce a la autora

F. Isabel Campoy adora la música, bailar y coleccionar instrumentos musicales. Vivió en Boston durante 15 años. Ahora vive en San Francisco.

Amena acaba de mudarse aquí. No conoce a nadie. Amena y su mamá caminan hasta el centro comunitario para conocer amigos.

—¿Qué estás tocando? —pregunta Amena.

—Estos son pedazos de madera —dice Adnan—. Cuando chocan suenan así.

¿Cómo crees que se siente Amena? Subraya el texto que te ayuda a describir a Amena.

—¿Qué estás tocando?
—pregunta Amena.

—Es una caja de madera —dice Kim—. Cuando la golpeas suena así.

—¿Qué estás tocando?
—pregunta Amena.

—Es una calabaza —dice Gabriel—.
Haces mover las cuentas y suena así.

—¿Quieres unirte a nuestra banda del vecindario? —le preguntan.

—Pero no tengo un instrumento —dice Amena.

—¡Sí, aquí lo tienes! —dicen—.
Tienes un frasco.

Ahora Amena tiene un instrumento.
¡Y también tiene amigos!

¿Cómo se siente Amena ahora?
Subraya el texto que te ayuda a describir
a Amena.

VOCABULARIO

Desarrollar el vocabulario

Mi TURNO Dibuja una línea desde cada palabra al grupo de palabras en el que encaja mejor.

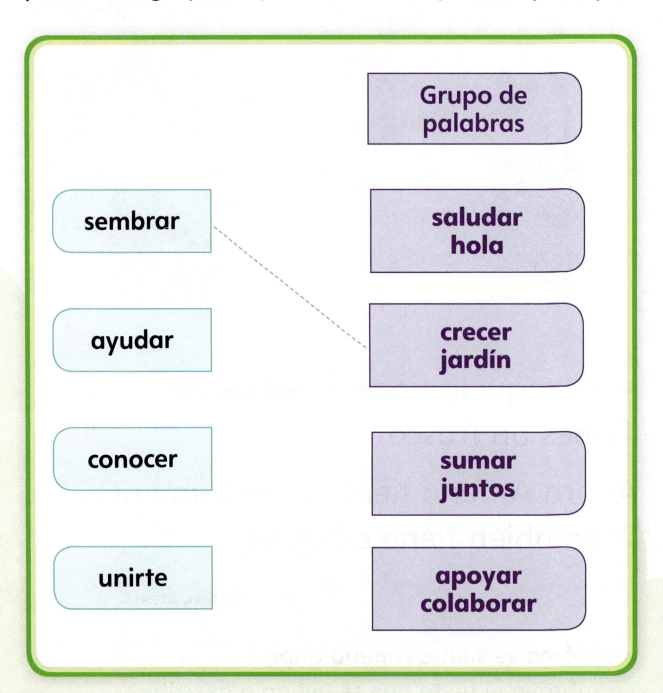

COMPRENSIÓN — Leer juntos — **TALLER DE LECTURA**

Verificar la comprensión

Mi TURNO Escribe las respuestas a las preguntas. Puedes volver a mirar el texto.

1. ¿Qué hace que ambos textos sean ficción realista?

   _____
   _____

2. ¿Qué palabras usan los autores para describir las cosas? ¿Por qué usan estas palabras?

   _____
   _____

3. ¿En qué se parecen los textos? Usa evidencia del texto.

   _____
   _____

LECTURA ATENTA

Describir a los personajes

Los **personajes** son las personas o los animales de un cuento. Para comparar a los personajes, describe en qué se parecen. Para contrastar a los personajes, describe en qué se diferencian.

Mi TURNO Dibuja para comparar y contrastar cómo actúan Jamal y Amena. Vuelve a mirar los textos.

Parecidos	Diferencias

TALLER DE LECTURA

Visualizar los detalles

Los detalles de un cuento pueden ayudar a los lectores a imaginar a los personajes y los sucesos.

Mi TURNO ¿Cómo visualizas a los vecinos de *Fiesta de jardín*? Haz el dibujo de lo que imaginas. Vuelve a mirar el texto.

RESPONDER AL TEXTO

Reflexionar y comentar

En tus palabras

Leíste acerca de cómo Jamal y Amena llegan a conocer a sus vecinos. ¿Cómo harías para conocer a tus vecinos si fueras Jamal o Amena?

Hacer conexiones

Cuando describas conexiones personales con un texto, piensa en:

- Tus experiencias.
- Los sentimientos que hayas tenido.

Usa las palabras de esta nota como ayuda.

Ahora comenta tus conexiones.

Esto me recuerda a...

Pregunta de la semana

¿Cómo puedo conocer a mis vecinos?

VOCABULARIO  **PUENTE ENTRE LECTURA Y ESCRITURA**

Puedo formar y usar palabras para leer y escribir ficción realista.

Mi meta de aprendizaje

Vocabulario académico

Las **partes de las palabras** se pueden añadir a algunas palabras para formar palabras nuevas con significados diferentes.

Re- es una parte de palabra. Significa "**de nuevo**".

Mi TURNO Escribe el significado de las palabras nuevas.

re- + agrupar = reagrupar   agrupar de nuevo

re- + ordenar = reordenar

re- + cargar = recargar

TÉCNICA DEL AUTOR

Leer como un escritor, escribir para un lector

Los autores escogen palabras que pueden ayudar a los lectores a visualizar las personas, los lugares y los sucesos de un cuento.

Luego, fueron a **las casas** de **ladrillo rojo** cerca del parque.

El autor escogió estas palabras para ayudar a los lectores a imaginarse cómo son las casas.

 Mi TURNO Escribe oraciones con palabras que indiquen cómo es tu escuela.

ORTOGRAFÍA

PUENTE ENTRE LECTURA Y ESCRITURA

Escribir palabras con n

Cuando la consonante **n** está al comienzo de la sílaba, puede formar una sílaba abierta. Cuando la consonante **n** está al final de la sílaba, siempre forma una sílaba cerrada.

Poner las palabras en orden alfabético es escribirlas en el orden en que aparecen en el alfabeto.

Mi TURNO Agrupa y escribe las siguientes palabras en orden alfabético.

Palabras de ortografía

| luna | limón | sin | pino |

sílabas con n inicial

sílabas con n final

Mis palabras

| tiene | ella |

LENGUAJE Y NORMAS

Los adjetivos y los artículos

Un **adjetivo** describe algo. Puede ser masculino o femenino según lo que describe.

En el Parque Central las flores son **hermosas**. (describe las flores)

Las palabras **el, la, los y las** son **artículos**, o determinativos. En **el** Parque Central **las** flores son hermosas.

Las palabras **un**, **una**, **unos** y **unas** también son artículos. En el Parque Central hay **una** fuente grande y **unos** árboles enormes.

Como ves en los ejemplos, los artículos también son masculinos o femeninos y singulares o plurales.

Mi TURNO Agrega un artículo y un adjetivo del género correcto para corregir cada oración.

1. Tom recibe ___una___ maceta ___vieja___.

2. Lleva _____ maceta al _____ jardín.

3. Tom también planta _____ árbol en _____ Jardín Botánico.

PRESENTAR EL TALLER DE ESCRITURA Leer juntos

TALLER DE ESCRITURA

Puedo escribir un cuento.

Mi meta de aprendizaje

Agregar detalles a las ilustraciones

Los autores agregan, o añaden, detalles a las ilustraciones para mejorar su escritura. Los detalles pueden dar más información sobre lo que dice el texto.

 Agrega detalles a la ilustración.

PRESENTAR EL TALLER DE LECTURA

Agregar detalles a las palabras

Los autores agregan detalles a las palabras para mejorar su escritura. Pueden usar palabras como **y, pero, o, así que** y **porque** para agregar detalles.

Mi TURNO Vuelve a escribir las oraciones agregando detalles.

1. Mi maestra es amable.

2. Mi clase es divertida.

TALLER DE ESCRITURA

Hacer y responder preguntas

Con frecuencia, los autores se reúnen para ayudarse a escribir mejor. Hacen y responden a preguntas acerca de la escritura, o escrito, de cada uno.

Mi TURNO Lee la escritura de tu compañero. Escríbele una pregunta.

_____
_____
_____
_____
_____

INTERCAMBIAR ideas Pídele a tu compañero que lea tu escritura. Responde a la pregunta que te haga tu compañero.

PRESENTACIÓN DE LA SEMANA: INFOGRAFÍA

Tipos de vecindarios

Urbano
Un vecindario urbano está en una ciudad. Muchas personas viven muy cerca unas de otras en un vecindario urbano.

Suburbano
Un vecindario suburbano está cerca de una ciudad. En un vecindario suburbano, las personas viven más lejos unas de otras.

Pregunta de la semana

¿Cómo es un vecindario?

INTERCAMBIAR ideas ¿En qué tipo de vecindario vives? Coméntalo con un compañero.

SEMANA 5

Rural
Un vecindario rural está en el campo. Las personas viven apartadas en un vecindario rural.

CONCIENCIA FONOLÓGICA | FONÉTICA

La aliteración

VER y DECIR A veces algunos grupos de palabras comienzan con el mismo sonido. Nombra los dibujos. Di el sonido con el que comienzan.

La consonante d

Algunas palabras tienen sílabas que comienzan con el sonido que escuchas al comienzo de la palabra **dedo**. Ese sonido se escribe con la letra **d.**

Mi TURNO Lee estas palabras.

La consonante d

 **Lee estas palabras con un compañero.**

| dama | poda | podemos |

| dos | dando | dale |

Mi TURNO Nombra cada imagen. Escribe la sílaba que completa cada palabra. Di el nombre de la imagen otra vez.

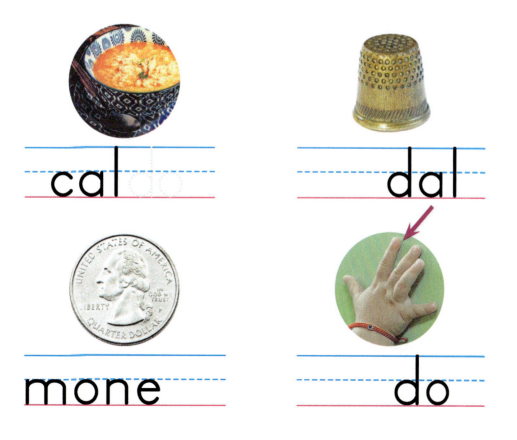

caldo

dal

mone

do

FONÉTICA | CONCIENCIA FONOLÓGICA

La consonante d

Mi TURNO Lee las siguientes oraciones. Subraya las palabras que tienen sílabas con **d**.

Dani bebe una limonada.

Al lado de Dani hay una dama.

La dama saluda a Dani.

Mi TURNO Haz un dibujo sobre Dani y la dama.

Las palabras que riman

VER y DECIR A veces algunos grupos de palabras tienen el mismo sonido medio y final. Nombra los dibujos. Di el sonido con el que terminan. Di una palabra que rime con las imágenes.

La consonante t

Las sílabas que comienzan con la letra **t** tienen el sonido que escuchas al comienzo de **tú.**

Mi TURNO Lee estas palabras.

 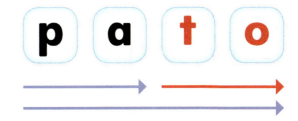

PALABRAS DE USO FRECUENTE | FONÉTICA

Mis palabras

Hay palabras que debes recordar y practicar.

Mi TURNO Lee las palabras.

| día | allí | perro | paseo | parque |

Mi TURNO Completa las oraciones con las palabras del recuadro. Lee las oraciones.

1. El __día__ está lindo.

2. Dana y Tami salen de _____.

3. Están cerca del _____.

4. ¡_____ hay un _____! Dana y Tami juegan con él.

La consonante t

INTERCAMBIAR ideas Algunas palabras tienen tres o más sílabas. Lee estas palabras con un compañero. Identifica la palabra que tiene cuatro sílabas.

tomate   patineta   maleta

tamales   pelota   sentado

Mi TURNO Escribe las sílabas con **t** para completar las palabras.

1. El pa_____ se _____ma la sopa.

2. Dino _____pa los toma_____.

3. Elsa pa_____na.

INTERCAMBIAR ideas Ahora lee las oraciones con un compañero.

FONÉTICA

La consonante t

Mi TURNO Escribe la palabra que completa cada oración.

té

tapete

Piensa en las palabras que tienen sentido en la oración.

1. Tania toma _____.

2. Veo un _____ en el piso.

Mi TURNO  Escribe una oración que tenga palabras con **t**.

_____
_____
_____
_____

CUENTO DE FONÉTICA | DESTREZAS FUNDAMENTALES

Un día de paseo

Es un día lindo. ¡Vamos de paseo!

Las casas están al lado del lago.

AUDIO
Para escuchar y resaltar

ANOTAR

Resalta las palabras que contienen la consonante **d**.

CUENTO DE FONÉTICA

Allí está el parque. Una niña le da pan con tomate al pato.

Subraya las palabras que contienen la consonante **t**.

CUENTO DE FONÉTICA   **DESTREZAS FUNDAMENTALES**

Todas las casas son lindas.

La niña juega con su perro y una pelota.

Resalta las palabras que contienen la consonante **d.**

GÉNERO: TEXTO DE PROCEDIMIENTO

Mi meta de aprendizaje Puedo leer sobre un vecindario.

Texto de procedimiento

Un texto de procedimiento explica cómo hacer algo. Suele incluir instrucciones, o pasos, para seguir.

De la escuela a mi casa

Pasos en orden

1. Sal por la puerta delantera.
2. Gira a la derecha.
3. Camina tres cuadras.

Los verbos indican qué hacer

4. Gira a la izquierda.
5. Ve a la casa roja.

INTERCAMBIAR ideas ¿En qué se diferencia el texto de procedimiento de la ficción realista? Coméntalo con un compañero.

TALLER DE LECTURA

Cartel de referencia: Texto de procedimiento

- Título
- Verbos de acción para ahora
- Palabras de secuencia o números
- **Texto de procedimiento**
- Ilustraciones o fotografías
- Pasos en orden

Hacer un mapa

Primer vistazo al vocabulario

Vas a leer estas palabras en *Hacer un mapa*.

| escuela | tiendas | edificios | biblioteca |

Leer

Predice sobre qué tratará el texto. Piensa sobre el género, o tipo de texto, que te puede ayudar a hacer una predicción.

Lee para entender el texto.

Hazte preguntas sobre los pasos.

Comenta acerca de este texto y de la pregunta de la semana.

Conoce al autor

Gary Miller adora hacer senderismo, andar en canoa y pescar. Cuando no está explorando la naturaleza, es probable que lo encuentres leyendo o tocando su guitarra.

Los mapas ayudan a las personas a hallar su camino.

Haz un mapa de tu vecindario.

Ayudará a otros a hallar los lugares.

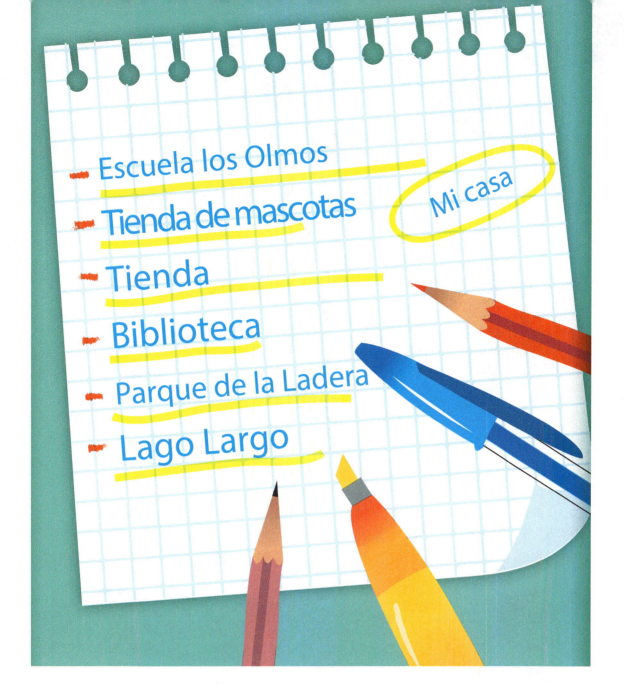

Primero, haz una lista de algunos lugares a donde vas.

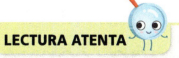

LECTURA ATENTA

¿Qué crees que aprenderás sobre hacer un mapa? Resalta las palabras que te ayudan. Usa también las ilustraciones.

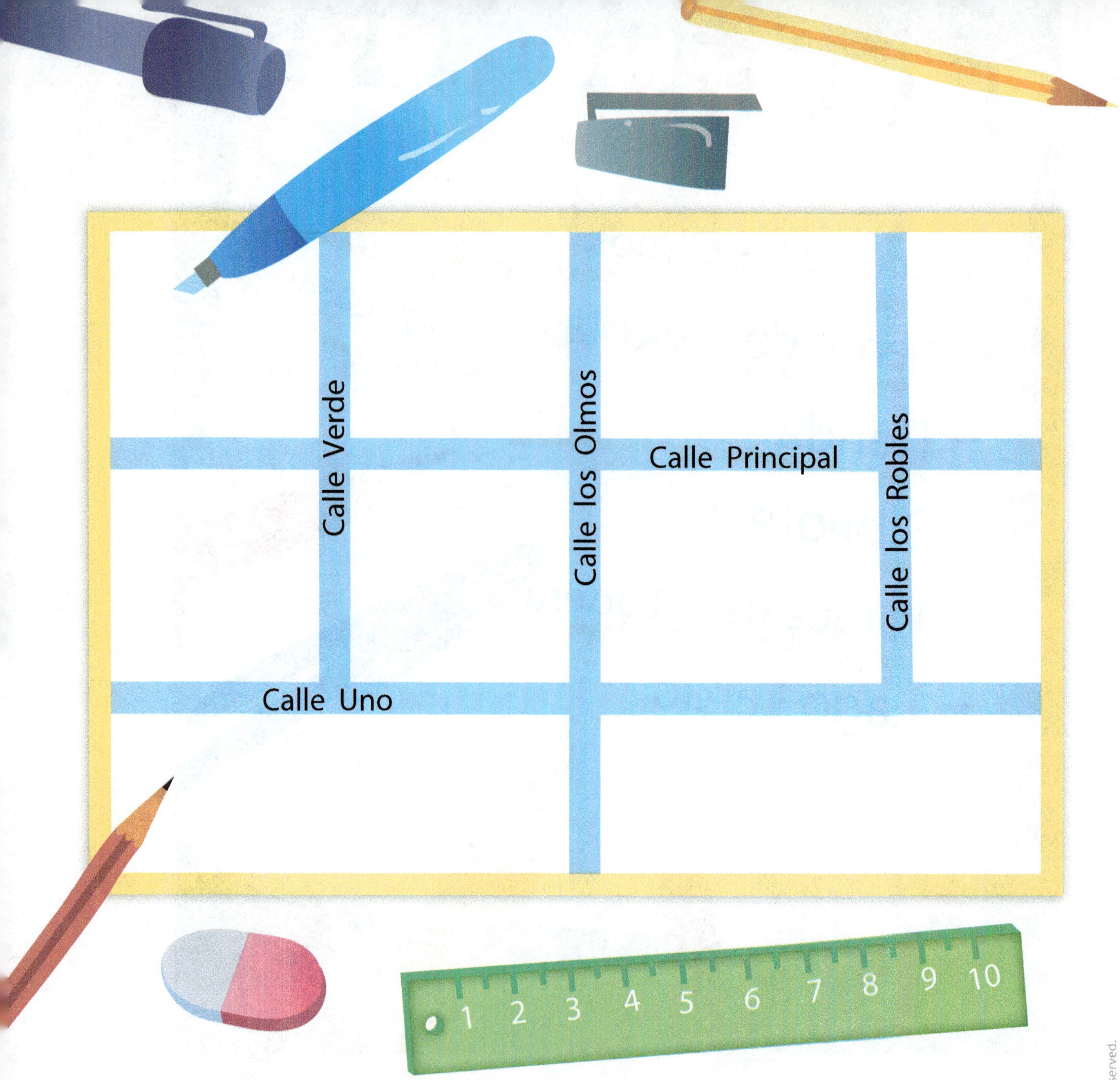
Calle Verde
Calle los Olmos
Calle Principal
Calle los Robles
Calle Uno
1 2 3 4 5 6 7 8 9 10

Luego, comienza tu mapa.

Dibuja las calles cerca de tu casa.

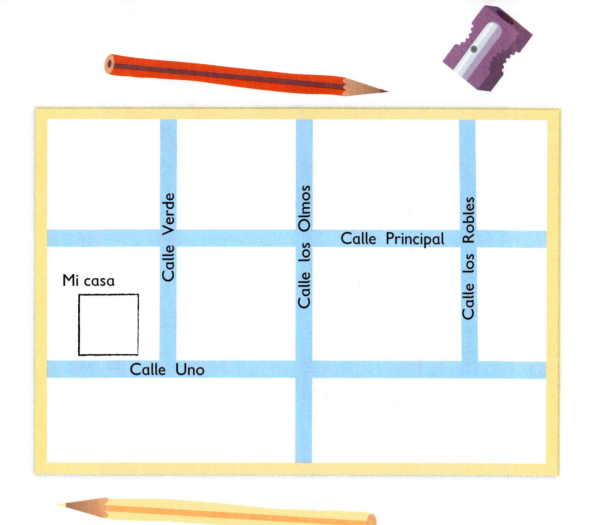

Añade los lugares de tu lista.

Dibuja tu casa primero.

Usa cuadrados para indicar los edificios.

Mira la gráfica, o mapa. Subraya las palabras que nombran las cosas que están en el mapa.

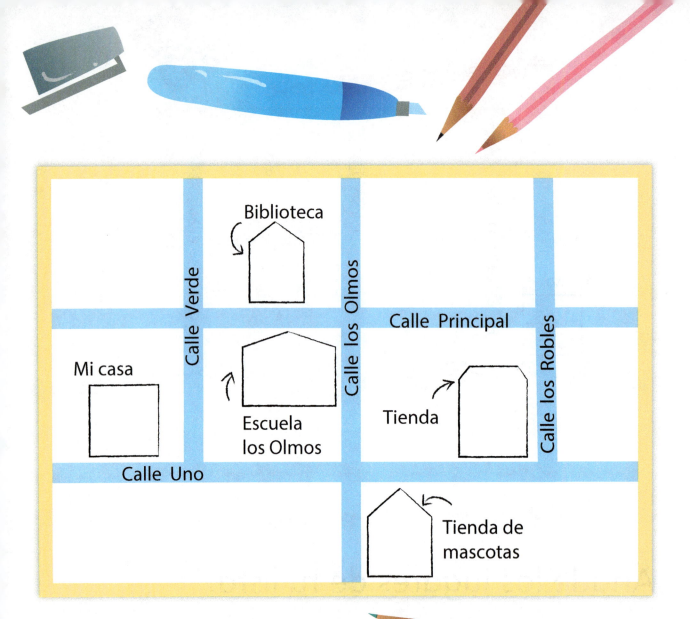

Dibuja otros edificios, como tu escuela y la biblioteca.

También añade tiendas.

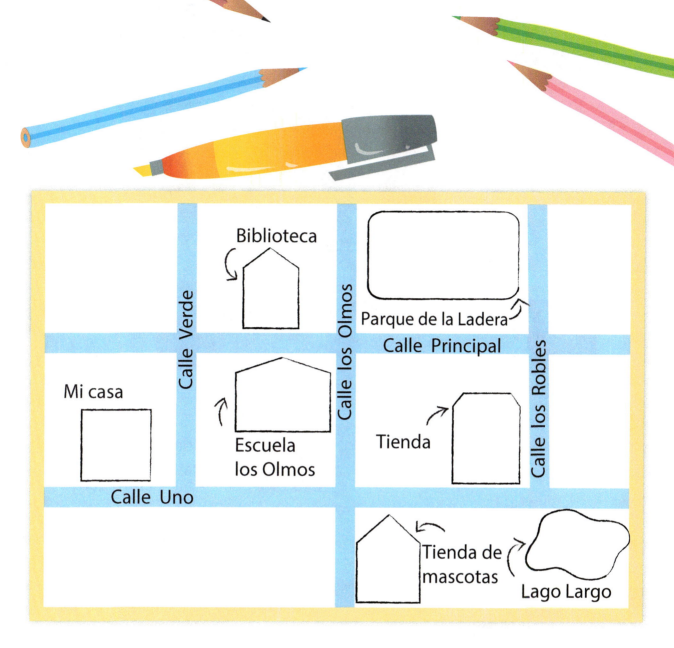

Añade lugares al aire libre, como parques y lagos.

LECTURA ATENTA

Mira la gráfica, o mapa. <u>Subraya</u> las palabras que nombran lo que está en el texto que te ayudan a encontrar información sobre el mapa.

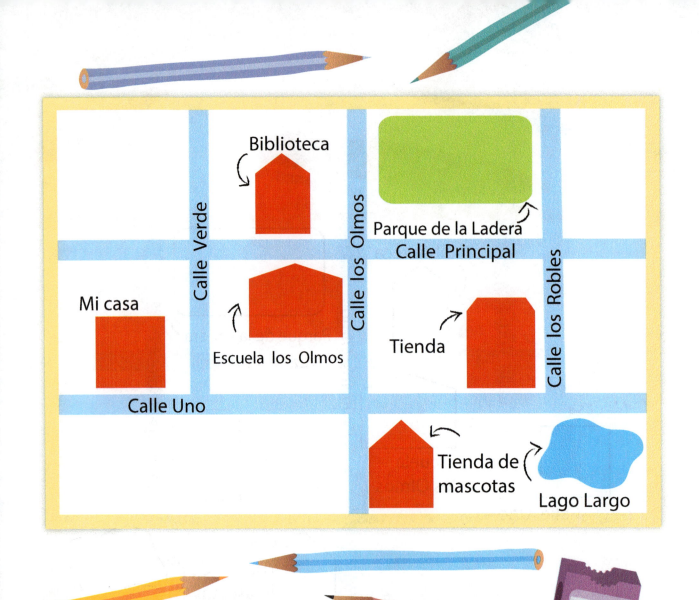

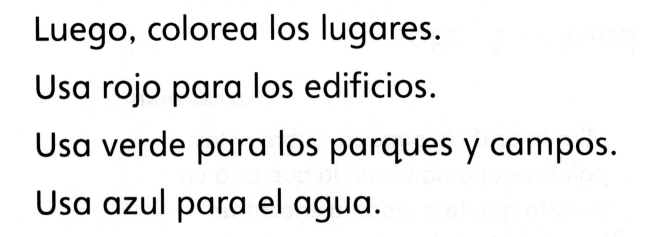

Luego, colorea los lugares.

Usa rojo para los edificios.

Usa verde para los parques y campos.

Usa azul para el agua.

Por último, haz una clave.

La clave muestra qué significan los colores del mapa.

¡Tu mapa está listo para usarlo!

VOCABULARIO EN CONTEXTO

Subraya las palabras que te ayudan a saber qué significa **campos**. Usa también la ilustración.

VOCABULARIO

Desarrollar el vocabulario

Mi TURNO Escribe la palabra del recuadro que completa cada oración.

| tiendas | escuela | biblioteca | edificios |

¡Mira mi mapa del vecindario!

Hay muchos __edificios__.

La _____ es donde consigo libros.

Voy a la _____ para aprender cosas.

Mi papá me lleva a las _____ para comprar cosas.

COMPRENSIÓN — Leer juntos — **TALLER DE LECTURA**

Verificar la comprensión

Mi TURNO Escribe las respuestas a las preguntas. Puedes volver a mirar el texto.

1. ¿Por qué es este un texto de procedimiento?

2. ¿Por qué crees que el autor rotula las ilustraciones?

3. ¿Por qué hay pasos para hacer un mapa? Usa evidencia del texto.

LECTURA ATENTA

Identificar los elementos gráficos

Los elementos gráficos, como los dibujos, ayudan a los lectores a buscar o aprender la información. Las imágenes de un texto pueden dar más información sobre el tema y las ideas importantes.

Mi TURNO Escribe la palabra que nombra cada parte del mapa. Vuelve a leer el texto.

casa

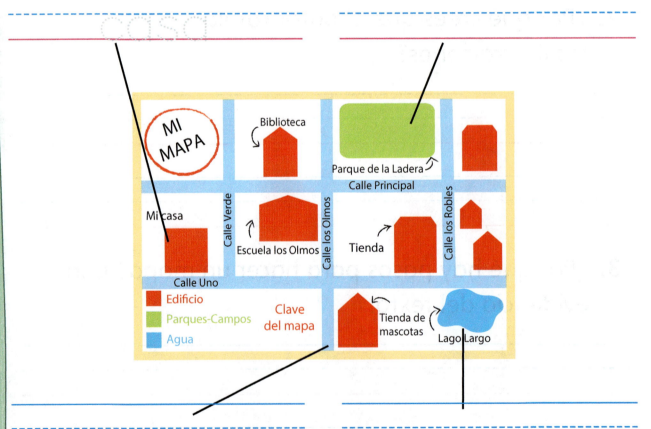

TALLER DE LECTURA

Corregir y confirmar predicciones

Una **predicción** indica lo que crees que sucederá después. Puedes usar los elementos del texto para corregir, o cambiar, tu predicción. Después de leer el texto, puedes confirmar si tu predicción era correcta.

Mi TURNO Piensa en tu predicción. Vuelve a leer el texto. Dibuja lo que hizo que cambiaras tu predicción.

¿Tu predicción era correcta?   **Sí   No**

RESPONDER AL TEXTO

Reflexionar y comentar

Escribir basándose en las fuentes

Piensa en los textos *Tipos de vecindarios* y *Hacer un mapa*. En una hoja de papel, escribe comentarios breves sobre lo que hayas aprendido de cada texto. ¿En qué se parecen estos textos informativos? ¿En qué se diferencian?

Comparar y contrastar

Cuando escribes acerca de textos, puedes comparar y contrastar los temas y la información. Debes:

- Usar evidencia del texto, o ejemplos, de ambos textos.
- Explicar en qué se parecen y en qué se diferencian los ejemplos.

Pregunta de la semana

¿Cómo es un vecindario?

VOCABULARIO  **PUENTE ENTRE LECTURA Y ESCRITURA**

Puedo formar y usar palabras para conectar la lectura y la escritura.

Mi meta de aprendizaje

Vocabulario académico

Practicamos las palabras nuevas cuando las usamos al conversar.

INTERCAMBIAR ideas Usa estas oraciones para hablar con un compañero acerca de los vecindarios.

Describe diferentes **tipos** de vecindarios.

¿Cómo ayudan a los vecindarios los **grupos** de personas?

Nombra **varios** lugares que puedes hallar en un vecindario.

¿Qué hace que una persona quiera **acostumbrarse** a un vecindario?

TÉCNICA DEL AUTOR

Leer como un escritor, escribir para un lector

En un texto de procedimiento, los autores escogen palabras para ayudar a los lectores a comprender los pasos.

> **Primero**, haz una lista de algunos lugares a donde vas.
> **Luego**, colorea los lugares.
> **Por último**, haz una clave.

El autor usa estas palabras para mostrar los pasos en orden.

Mi TURNO Escribe oraciones que indiquen cómo hacer algo. Usa palabras que indiquen los pasos en orden.

___

204

ORTOGRAFÍA  PUENTE ENTRE LECTURA Y ESCRITURA

Escribir palabras con d y t

Mi TURNO Deletrea, agrupa y escribe las palabras. Luego, escribe Mis palabras.

Palabras de ortografía

| dedo | tú | lata | nido |

d

t

Mis palabras

| día | parque |

Oraciones con sustantivos, verbos y adjetivos

Las **oraciones** expresan ideas completas. Tienen sustantivos, verbos y adjetivos. Los **sustantivos** nombran personas, animales o cosas. Los **verbos** son palabras de acción. Los **adjetivos** describen a los sustantivos.

Mi TURNO Lee las oraciones. Corrige el borrador añadiendo una oración que tenga un sustantivo, un verbo y un adjetivo.

Sam hace un mapa. El mapa tiene muchas calles.

PRESENTAR EL TALLER DE ESCRITURA · Leer juntos · **TALLER DE ESCRITURA**

Puedo escribir un cuento.

Mi meta de aprendizaje

Escoger un libro para publicar

Escoge algo escrito por ti que quieras publicar, o compartir.

Mi TURNO Escribe un título para tu libro.

_____

Corregir las ilustraciones y palabras

Mi TURNO Usa la tabla como ayuda para corregir tu escrito. Marca **sí** o **no**.

	Sí	No
¿Mis ilustraciones están completas?	○	○
¿Las palabras expresan detalles?	○	○

INTERCAMBIAR ideas ¿Qué te gustaría agregar o cambiar antes de publicar tu escrito? Coméntalo con un compañero.

207

PRESENTAR EL TALLER DE ESCRITURA

Cómo celebrar

Es momento de celebrar tu escrito.

Sigue las normas de conducta para hablar y escuchar.

1. Habla con claridad cuando sea tu turno.

2. Haz preguntas si no comprendes.

3. Escucha a los demás.

4. Haz comentarios apropiados.

INTERCAMBIAR ideas Preséntate a tu compañero. Cuéntale sobre tu experiencia como escritor. Luego, preséntense al grupo.

Evaluación

 **Mi TURNO** Marca **sí** o **no** en cada afirmación.

Sé...	Sí	No
qué es un autor y qué hace.		
qué hacen los buenos escritores.		
los pasos del Taller de escritura.		
qué herramientas digitales puedo usar.		
los elementos de un libro de ficción.		
los elementos de un libro de no ficción.		
cómo agregar detalles a las imágenes.		
cómo agregar detalles a las palabras.		
cómo publicar y compartir mi escrito.		

INTERCAMBIAR ideas Habla con tu compañero sobre cómo mejorar tu escrito.

COMPARAR TEXTOS

TEMA DE LA UNIDAD
Mi vecindario

 INTERCAMBIAR *ideas*

Busca una palabra de cada texto que nombre una cosa de un vecindario. Escribe la palabra junto al texto.

¡Mira a ambos lados!

SEMANA 3

CLUB del LIBRO

SEMANA 2

de **Henry sobre ruedas**

CLUB del LIBRO

SEMANA 1

El apagón

CLUB del LIBRO

de **Fiesta de jardín** y
¡Clic, clac, clic!

_____
- - - - - - - - - - - - - - - - -
_____

SEMANA 4

CLUB del LIBRO

SEMANA 5

Hacer un mapa

_____
- - - - - - - - - - - - - - - - -
_____

Pregunta esencial

Mi TURNO

¿Qué es un vecindario?

CLUB del LIBRO

Proyecto

SEMANA 6

Ahora es tiempo de que apliques lo que aprendiste sobre los vecindarios en tu **PROYECTO DE LA SEMANA 6:** La gente de mi vecindario.

SEMANA 6

CONCIENCIA FONOLÓGICA | FONÉTICA

Las sílabas ca, co, cu

VER y DECIR Nombra las imágenes. Escucha el sonido inicial de cada palabra. Vuelve a nombrar cada palabra. Cambia la primera sílaba de cada palabra para formar una palabra nueva.

  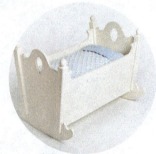

Las palabras con ca, co, cu

Las palabras que comienzan con las sílabas **ca**, **co** y **cu** tienen el sonido que escuchas al comienzo de las palabras **canario**, **comida** y **culebra**.

Mi TURNO Lee estas palabras.

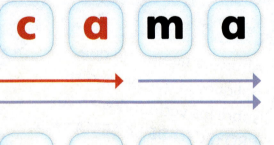 

DESTREZAS FUNDAMENTALES

Las palabras con ca, co, cu

INTERCAMBIAR ideas Lee estas palabras de dos y tres sílabas con un compañero.

casco	empaca	palanca
coser	come	colina
cuna	escudo	acude

Mi TURNO Escribe las sílabas **ca**, **co** o **cu** para completar cada palabra.

 sa

pi

na

213

FONETICA

Las palabras con ca, co, cu,

Mi TURNO Señala las palabras mientras escuchas las oraciones. Subraya las palabras con la sílaba **ca**, **co** o **cu**.

Las casas de Camilo y de Paco están lado a lado.

Camilo tiene una cuna en su cuarto.

Camilo es un nene.

Paco tiene una cama color café.

Mi TURNO Escribe una oración nueva sobre Camilo y Paco.

ORTOGRAFÍA — Leer juntos — **DESTREZAS FUNDAMENTALES**

Escribir palabras con ca, co, cu y con f

Mi TURNO Agrupa y escribe las palabras. Luego, escribe Mis palabras.

Palabras de ortografía

| fin | cosa | fotos | camino |

ca, co, cu

f

Mis palabras

| agua | mucho |

CONCIENCIA FONOLÓGICA | FONÉTICA

Las sílabas con f

VER y DECIR Nombra las imágenes. Escucha los sonidos medios y finales. Luego, crea palabras que rimen con las palabras de las imágenes.

La consonante f

Algunas palabras tienen sílabas que comienzan con el sonido que escuchas al comienzo de la palabra **feliz**. Ese sonido se escribe con la letra **f**.

Mi TURNO Lee estas palabras.

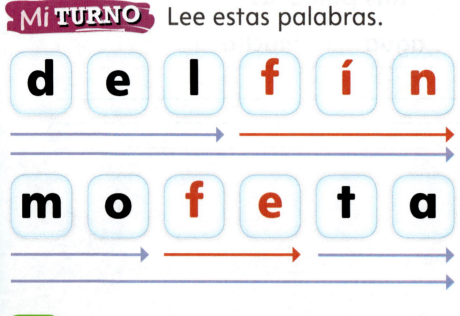

PALABRAS DE USO FRECUENTE | FONÉTICA Leer juntos **DESTREZAS FUNDAMENTALES**

Mis palabras

Hay palabras que tienes que recordar y practicar.

Mi TURNO Lee estas palabras.

| voy | agua | cómo | buena | mucho |

Mi TURNO Usa las palabras del recuadro para completar las oraciones. Luego, lee las oraciones.

1. Hoy ___voy___ al parque con Fina. Es un parque de _____.

2. A mí me gusta _____.

3. La comida es muy _____.

4. Mi papá nos dice _____ llegar a la piscina.

PALABRAS DE USO FRECUENTE | FONÉTICA

La consonante f

INTERCAMBIAR *ideas* Lee estas palabras con un compañero.

fama	elefante
afinado	filete
café	delfín

Mi TURNO Lee estas oraciones. <u>Subraya</u> las palabras que tienen sílabas que comienzan con **f**.

El elefante y la foca son famosos.

La foca come un filete de pescado.

El elefante desfila por el pasto.

La consonante f

Mi TURNO Escribe una oración sobre dos amigos que se llaman Felipe y Fina. Luego, haz un dibujo de Felipe y Fina.

Felipe y Fina

219

CUENTO DE FONÉTICA

¿Cómo está Paco?

CUENTO DE FONÉTICA | DESTREZAS FUNDAMENTALES

Paco está triste.

Paco come poco.

Toma poca agua.

Resalta las palabras que contienen las sílabas **ca, co**.

CUENTO DE FONÉTICA

Voy con Paco. Fina toca el pico de Paco.

Fina es buena con mi mascota.

Ella sana los animales.

Subraya las palabras que contienen la consonante **f**.

CUENTO DE FONÉTICA — **DESTREZAS FUNDAMENTALES**

¿Cómo está Paco?

Paco come mucho y canta.

¡Paco está contento!

Resalta las palabras que contienen sílabas con **ca**, **co**.

INDAGAR

La gente de mi vecindario

Actividad

Escoge una persona que trabaje en tu vecindario y explica qué hace.

INVESTIGACIÓN

¡Vamos a leer!
Esta semana vas a leer tres artículos sobre vecindarios.

1. Trabajadores del vecindario
2. Ir a la escuela a pie
3. Todos a bordo del autobús

COLABORAR Habla con un compañero sobre las personas que trabajan en un vecindario. Piensa en dos preguntas para tu investigación.

PROYECTO DE INDAGACIÓN

Usa el vocabulario académico

 **COLABORAR** En esta unidad has aprendido muchas palabras nuevas de vocabulario académico. Habla con tu compañero sobre la imagen usando estas palabras.

Plan de investigación: La gente que trabaja en el vecindario

- **Día 1** Enumera dos preguntas.
- **Día 2** Investiga sobre una persona que trabaje en tu vecindario.
- **Día 3** Escribe un texto informativo.
- **Día 4** Revisa y corrige tu texto.
- **Día 5** Presenta tu texto informativo.

EXPLORAR Y PLANIFICAR

Informa a tus lectores

Algunos autores escriben para informar a los lectores sobre un tema. Cuando leas un texto informativo, busca una idea principal, o central, y detalles. Fíjate en la estructura del texto, o cómo está organizada la información.

COLABORAR Lee "Ir a la escuela a pie" con un compañero. Luego, completa la tabla.

Idea principal

Detalles

| HACER UNA INVESTIGACIÓN |  | PROYECTO DE INDAGACIÓN |

¡Compruébalo!

La persona que trabaja en mi vecindario es
_____
_____

Dos preguntas sobre esa persona son:

1. _____

2. _____

COLABORAR Encierra en un círculo la fuente que consultarás para buscar la información que responda a tus preguntas.

libros   **bibliotecario**

COLABORAR Y COMENTAR

Texto informativo

Los textos informativos incluyen una idea principal, o central, y detalles. Los detalles amplían la idea principal.

Idea principal

Una persona que trabaja en el vecindario es un papá. Un papá lleva a sus hijos a la escuela. Juega con ellos. Les prepara la cena. Los papás tienen un trabajo importante en el vecindario.

Detalles

AFINAR LA INVESTIGACIÓN  **PROYECTO DE INDAGACIÓN**

 INVESTIGACIÓN

Identifica las fuentes relevantes

COLABORAR Antes de consultar un libro para investigar, asegúrate de que trata sobre tu tema. Los libros sobre tu tema te ayudarán a responder a tus preguntas. Puedes recopilar libros que te ayudarán a responder a tus preguntas. Sigue estos pasos:

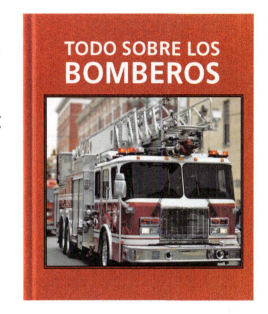

1. Lee el título.

2. Mira la portada y las imágenes.

3. Usa lo que ves para decidir si el libro trata sobre tu tema.

COLABORAR Con un compañero, busca una fuente para tu tema. Escribe el título del libro.

Título del libro:
_____
_____

AMPLIAR LA INVESTIGACIÓN

¡Ilústralo!

Puedes agregar imágenes para hacer que tus lectores vean más detalles sobre tu tema.

Con frecuencia, ¡las imágenes dicen más que las palabras!

COLABORAR Con un compañero, haz un dibujo de tamaño real del trabajador que escogiste. Incluye detalles específicos para desarrollar tus ideas.

COLABORAR Y COMENTAR **PROYECTO DE INDAGACIÓN**

Revisa

COLABORAR Lee tu texto informativo a un compañero. Encierra en un círculo **sí** o **no**.

¿Revisaste

tu idea principal?	sí	no
si agregaste detalles a tus palabras?	sí	no
si agregaste detalles a tu dibujo?	sí	no

Corrige

COLABORAR Vuelve a leer tu texto informativo con un compañero.

Fíjate en
- ☐ los sustantivos
- ☐ los verbos
- ☐ los adjetivos

CELEBRAR Y REFLEXIONAR

Presenta

COLABORAR Presenta tu texto informativo. Sigue estas normas de conducta para **hablar y escuchar:**

- Escucha activamente.
- Comparte tus ideas sobre el tema.
- Habla con claridad.

Reflexiona

 Completa las oraciones.

La fuente que me ayudó más es

_____

_____ .

La parte más difícil de la investigación es

_____

_____ .

REFLEXIONAR SOBRE LA UNIDAD

Reflexiona sobre tus metas

Fíjate en tus metas de la unidad.

Usa otro color para calificarte otra vez.

 Completa las oraciones.

Reflexiona sobre tus lecturas

El texto más difícil de leer de esta unidad es
_____
_____.

Reflexiona sobre tu escritura

Lo mejor que escribí en esta unidad es
_____
_____.

INSTRUCCIÓN PARA EL GLOSARIO ILUSTRADO

Cómo usar un glosario ilustrado

Un glosario ilustrado sirve para buscar palabras. Las palabras están agrupadas por temas. El tema de este glosario ilustrado es **lugares**. Mira las imágenes e intenta leer las palabras o frases. Las imágenes te ayudarán a comprender el significado de las palabras o frases.

Ejemplo:

Esta es una imagen de la frase.

estación de bomberos

Esta es la frase que estás aprendiendo.

INTERCAMBIAR *ideas* Busca la palabra **escuela** en el glosario ilustrado. Usa la palabra en oraciones para demostrar que entiendes su significado y coméntalo con un compañero.

GLOSARIO ILUSTRADO

Lugares

tienda

estación de policía

hospital

escuela

biblioteca

estación de trenes

parque

INSTRUCCIÓN PARA EL GLOSARIO

Cómo usar un glosario

Un glosario sirve para buscar el significado de las palabras que no conoces. Las palabras de un glosario están en orden alfabético. Las palabras guía de la parte superior de cada página te pueden ayudar a encontrar las palabras que buscas.

Todas las palabras que comienzan con la letra A estarán después de Aa.

La palabra está en una letra más oscura.

Aa

arena La **arena** son granitos de roca fragmentada.

Esta oración te ayudará a comprender el significado de la palabra.

Mi TURNO Busca la palabra **biblioteca** en el glosario. Haz un dibujo del significado de la palabra.

Aa

acostumbrarse Cuando alguien **se acostumbra**, se adapta a un lugar nuevo o a una situación nueva.

arena La **arena** son granitos de roca fragmentada.

ayudar **Ayudar** significa dar o hacer algo necesario o útil.

Bb

biblioteca Una **biblioteca** es una sala o un edificio donde se pueden pedir prestados libros y otros recursos. También se pueden pedir prestados revistas, videos y música.

Cc

calle Una **calle** es una carretera que está en una ciudad o pueblo.

GLOSARIO

conocer Cuando las personas **se conocen**, se encuentran en un cierto momento o lugar.

cuadra Una **cuadra** es el área de una ciudad o pueblo delimitada por cuatro calles.

Dd

derecha **Derecha** es lo opuesto a izquierda. A la derecha está la próxima página.

Ee

edificio Un **edificio** es una estructura con paredes y techos donde las personas realizan sus actividades.

escuchar Cuando **escuchas**, tratas de oír algo o a alguien.

escuela Una **escuela** es un lugar donde las personas aprenden cosas en grupo.

esquina Una **esquina** es el lugar donde se encuentran dos calles.

Gg

grupo Un **grupo** es un conjunto de varias personas o cosas.

guardia Un **guardia** es una persona que protege o vigila. Un guardia de cruce protege y vigila para que las personas crucen la calle a salvo.

Ii

izquierda **Izquierda** es lo opuesto a derecha. A la izquierda de esta página está la letra **Ii**.

Mm

murmurar Cuando alguien **murmura**, habla entre dientes.

GLOSARIO

paso de peatones • silencio

Pp

paso de peatones Un **paso de peatones** es un área marcada por líneas que se usa para cruzar la calle.

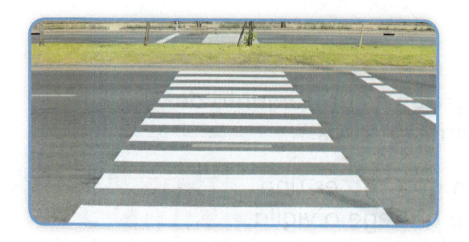

Ss

sembrar Cuando **siembras**, plantas algo en la tierra para que pueda crecer.

silencio Cuando haces **silencio**, no haces ningún ruido.

Tt

tienda Una **tienda** es un lugar donde se pueden comprar cosas.

tipo Un **tipo** es una clase, categoría o grupo que se parece de algún modo.

Uu

unirse **Unirse** a un grupo, es volverse miembro de ese grupo.

Vv

varios **Varios** significa diferentes unos de otros.

ver Cuando **ves** algo, lo examinas bien.

RECONOCIMIENTOS

Texto

p.65: from *Everything Goes (Todo anda) Henry sobre ruedas* by Brian Biggs. Copyright © 2013 by Brian Biggs. Published by Harper Collins Children's Books, a division of Harper Collins Publishers. Reprinted with permission. Writers House.

Fotografías

Photo locators denoted as follows Top (T), Center (C), Bottom (B), Left (L), Right (R), Background (Bkgd)

4 Image Sources/Getty Images; **6** (Bkgd) RoschetzkyProductions/Shutterstock, (BL) Elenathewise/123RF; **7** Image Sources/Getty Images; **11** Jeremy Woodhouse/Blend Images/Getty Images; **12** (B) Divedog/Shutterstock, (CR) EvgeniiAnd/Shutterstock; **13** Effe45/Shutterstock; **14** (BC) 123RF, (BL) WojciechBeczynski/Shutterstock, (BR) 123RF, (TL) Tatiana Popova/Shutterstock, (TR) Anan Kaewkhammu/123RF, (TC) 123RF; **15** (TR) Andersphoto/Shutterstock, (BC) Cunaplus/Shutterstock, (BL) 123RF, (BR) Nathapol Kongseang/Shutterstock, (TC) Mlorenz/Shutterstock, (TL) 123RF; **16** (TR) 123RF, (BR) Dean Drobot/Shutterstock, (CL) Boris15/Shutterstock, (TL, TC) Stephen VanHorn/Shutterstock, (CR) 123RF, (TL) Eric Isselee/Shutterstock; **20** (BCR) Maks Narodenko/Shutterstock, (BL) Cloki/Shutterstock, (BR) Tatiana Popova/Shutterstock; **50** (Bkgd) Avelkrieg/123RF, (B) Cah Yati/Shutterstock, (BC) Fernando Kazuo/Shutterstock, (C) Team Oktopus/Shutterstock, (CL) Leosapiens/Shutterstock, (CR) KittyVector/Shutterstock; **51** (B) Avian/Shutterstock, (BC) Andrii Bezvershenko/Shutterstock, (BL) Oxanakot/Shutterstock, (C) TatiVasko/Shutterstock, (T) TrifonenkoIvan/Shutterstock; **52** (TC) 854140/Shutterstock, (TL) Testing/Shutterstock, (TR) Roman Samokhin/Shutterstock; **53** (BR) Irabel8/Shutterstock, (TL) Witthayacoffee/Shutterstock, (BL) 123RF, (TR) Africa Studio/Shutterstock; **54** Photofriday/Shutterstock; **55** (TC) Ljupco Smokovski/Shutterstock, (TL) Le Do/Shutterstock, (TR) Chudtsankov/123RF; **58** BL Diana Taliun/Shutterstock, (BR) Andrea Izzotti/Shutterstock, (TL) Chudtsankov/123RF, (TR) Le Do/Shutterstock; **62** Zstock/Shutterstock; **94** Mark_KA/Shutterstock; **96** (Bkgd) Suwatsilp Sooksang/Shutterstock, (C) Tyler Olson/Shutterstock; **97** (CL) Pamela Au/Shutterstock, (CR) Pamela Au/Shutterstock; **98** (TL) Arkadiusz Fajer/Shutterstock, (TC) Hintau Aliaksei/Shutterstock, (TR) Mikhail Rulkov/Shutterstock; **99** (BCR) Eric Isselee/Shutterstock, (BL) LAURA_VN/Shutterstock, (BR) Hintau Aliaksei/Shutterstock; **101** (TC) Bekshon/Shutterstock, (TL) HstrongART/Shutterstock, (TR) 123RF; **104** (BL) Irin-k/Shutterstock, (CL) Pablo Scapinachis/Shutterstock, (TL) Evgeni_S/Shutterstock; **111** Image Sources/Getty Images; **112** Pitchayarat Chootai/Shutterstock; **113** Indeed/Getty Images; **114** Kali9/iStock/Getty Images Plus/Getty Images; **115** Kali9/iStock/Getty Images Plus/Getty Images; **116** (BL) Dean Hammel/Shutterstock, (TR) Blickwinkel/Alamy Stock Photo; **117** Peter Titmuss/Alamy Stock Photo; **118** Fotog/Getty Images; **119** (B) Fotog/Getty Images, (T) Image Source/Getty Images; **120** (B) Kali9/iStock/Getty Images Plus/Getty Images, (T) Pitchayarat Chootai/Shutterstock; **124** Golden Pixels LLC/Shutterstock; **128** Alinute Silzeviciute/Shutterstock; **132** (B) Thomas Marchessault/Alamy Stock Photo, (T) Wavebreakmedia/Shutterstock; **133** Rawpixel.com/Shutterstock; **134** (TC) 123RF, (TL) Alena Brozova/Shutterstock, (TR) Christos Georghiou/Shutterstock; **135** (BL) Bikeriderlondon/Shutterstock, (BR) Evgenia Tiplyashina/Fotolia, (CL) ESB Professional/Shutterstock, (CR) Yegor Korzh/Shutterstock; **137** (C) Andrea Izzotti/Shutterstock, (L) Urfin/Shutterstock, (R) Ammit/123RF; **140** (TC) Urfin/Shutterstock, (TL) Tatiana Popova/Shutterstock, (TR) Samokhin/Shutterstock; **174** (Bkgd) PK.Inspiration_06/Shutterstock, (B) TDKvisuals/Shutterstock; **175** Christian Lagerek/Shutterstock; **176** (C) Andrea Izzotti/Shutterstock, (R) Dotted Yeti/Shutterstock, (L) Stepan Kapl/Shutterstock; **177** (BL) Rsooll/Shutterstock, (BR) Stepan Kapl/Shutterstock, (CL) Timothy Geiss/Shutterstock, (CR) Zurbagan/Shutterstock; **179** (TC) Pallavi_Patil/Shutterstock, (TL) Johnfoto18/Shutterstock, (TR) Hortimages/Shutterstock; **182** (TC) LifetimeStock/Shutterstock, (TL) Denis Larkin/Shutterstock; **212** (L) Dny3d/Shutterstock, (C) Boris15/Shutterstock, (R) Cepixx/123RF; **213** (L) Dny3d/Shutterstock, (B) Cepixx/123RF, (R) Tropical studio/Shutterstock; **216** (R) Strelov/Shutterstock, (C) Denis Tabler/Shutterstock, (L) Gyvafoto/Shutterstock; **224** Syda Productions/Shutterstock; **227** (BL) Africa Studio/Shutterstock, (BR) Tyler Olson/Shutterstock; **229** (CR) Jennifer Vinciguerra/Shutterstock, (R) Udovichenko/Shutterstock; **237** Zhu Difeng/Shutterstock; **238** Golden Pixels LLC/Shutterstock; **239** Kali9/iStock/Getty Images Plus/Getty Images; **240** (T) Pitchayarat Chootai/Shutterstock, G-stockstudio/Shutterstock; MTaira/Shutterstock.

Ilustraciones

12 André Jolicoeur; **21–23** Hector Borlasca; **105–107, 220–223** Benedetta Capriotti; **25, 109** Chris Vallo; **27–38, 40, 46, 141** Maxime Lebrun; **42, 48, 94, 166, 171, 230** Tim Johnson; **59–61** Lisa Fields; **105–107** John Joven; **183–185** Juliana Motzko; **63, 145, 187** Ken Bowser; **65–84** Simon Abbott; **141–143** Mo Ulicny; **147–153** Debbie Palen; **155–161** Peter Francis; **183–185** Laura Ovresat; **189–198, 200** Valentina Belloni; **220–223** Dola Sun.

NOTAS

NOTAS

NOTAS

NOTAS

NOTAS